大学入試における「主体性」の評価
―― その理念と現実 ――

東北大学高度教養教育・学生支援機構 編

東北大学出版会

Assessing "Proactive Learning Attitudes"
in University Admissions: Concept vs Reality

Institute for Excellence in Higher Education, Tohoku University

Tohoku University Press, Sendai

ISBN978-4-86163-327-0

はじめに

滝澤　博胤（東北大学理事・副学長）

　「高等教育ライブラリ」は、東北大学高度教養教育・学生支援機構の前身となる組織の一つである高等教育開発推進センターが文部科学省より教育関係共同利用拠点として「国際連携を活用した大学教育力開発の支援拠点」の認定を受けたことを機に、研究活動の成果を広く社会で共有していただくために創刊された叢書です。東日本大震災に見舞われた直後の 2011（平成 23）年 3 月末に第 1 巻と第 2 巻が刊行され、本書で第 15 巻を数えることとなりました。

　本書は、2018（平成 30）年 5 月 21 日（月）に実施された「第 28 回東北大学高等教育フォーラム（新時代の大学教育を考える［15］）「『主体性』とは何だろうか——大学入試における評価とその限界への挑戦——」で行われた基調講演、現状報告、討議の内容を中心として書き下ろされた原稿に、いくつかの関連する論考を加えた構成となっています。

　東北大学高等教育フォーラムは、2004（平成 16）年 10 月の高等教育開発推進センター発足以来、毎年 2 回、春と秋に開催され、数多くのシンポジウム企画が行われてきました。そのうち、2004（平成 16）年 12 月に開催された第 1 回と毎年春に行われてきた偶数番のフォーラムは高等教育開発部入試開発室が中心となって企画し、高校と大学との関係を巡るテーマで実施されてきました。当初は特定の教科科目に焦点が絞られたテーマ設定が中心でしたが、回を重ねるごとに高大接続に関わるより一般的で包括的な方向にテーマが変わりました。AO 入試（第 8 回）、高大連携活動（第 10 回）、入試問題（第 12 回）、大学入試と学習指導要領（第 14 回）、進学指導（第 16 回）、作文力（第 18 回）、グローバル人材育成（第 20 回）と、その時々で取り上げられた話題は多岐にわたります。なお、第 8 回から第 12 回の概要は、それぞれ書き下ろしの論考とともに「高等教

育ライブラリ2　高大接続関係のパラダイム転換と再構築」、第14回は「高等教育ライブラリ4　高等学校学習指導要領 VS 大学入試」、第16回は「高等教育ライブラリ6　大学入試と高校現場――進学指導の教育的意義――」、第18回は「高等教育ライブラリ8　『書く力』を伸ばす――高大接続における取組みと課題――」と高等教育ライブラリシリーズにまとめられ、いずれも東北大学出版会から刊行されております。

　今般の高大接続改革が開始されてからの「フォーラム」のテーマを概観しますと、「大学入試改革にどう向き合うか――中教審高大接続答申を受けて――（第22回）」、「大学入試における共通試験の役割――センター試験の評価と新制度の課題――（第24回）」、「個別大学の入試改革――東北大学の入試設計を事例として――（第26回）」といった形で、まさに現在進行形で進みゆく入試改革に対してリアルタイムに対峙しつつ、多様な角度から現実の大学入試に関わる諸問題について、熱の入った議論が展開されてきました。これらの記録もまた、それぞれ新しい論考を加えて「高等教育ライブラリ10　高大接続改革にどう向き合うか」、「高等教育ライブラリ12　大学入試における共通試験」、「高等教育ライブラリ14　個別大学の入試改革」と、高等教育ライブラリの偶数巻として刊行されております。なお、偶数番号が続いたのは偶然です。今回は、たまたま第14巻の後にライブラリシリーズとして刊行された書籍がなかったことから「第15巻」としての刊行となった次第です。

　昨年のフォーラムは、2014（平成26）年に公表された中央教育審議会高大接続特別部会答申、いわゆる「高大接続答申」が実行に移される2020年度（入試としては「2021年度入試」）に大学入試を迎える子どもたちが高等学校に入学したタイミングで行われました。この時期になって、なお「主体性」という重要で、かつ、様々な課題が複雑に絡み合う問題が改めてシンポジウムのテーマとして取り上げられなければならない状況にやや疑問を感じながらも、フロアの最前列で熱の入ったディスカッションをじっと聞いておりました。その結果、やはり率直な感想として、「主体性を秤や物差しで測るようなことはできないのではないか」という漠とし

はじめに

た疑問を「閉会の辞」として述べることとなりました。同時に、時流にそのまま身を委ねるのではなく、高校と大学が知恵を絞って、真に信頼性のある入学者選抜を成し遂げるべく「主体性」を発揮することこそが、今般の高大接続改革の深意なのではないかとも感じた次第です。私と同じような疑問を抱く多くの方々に対して、本書が多少なりとも納得できる回答なりヒントなりを与えるものとなっていることを期待しております。

　最後に、本書の出版に当たっては、企画・編集作業を入試開発室の石井光夫教授、倉元直樹教授にお願いしました。ここに記して謝意を表したいと思います。

平成30年12月

[目　次]

はじめに　　　　　　　　　　　　　　　　　　　　滝澤　博胤　　i
序章　本書の構成　　　　　　　　　　　　　倉元　直樹・石井　光夫　　1

第Ⅰ部　大学入試における主体性の理論と主体性評価
第1章　「主体性」評価の課題と展望
　　　　——心理学と東北大学 AO 入試からの示唆　　宮本　友弘　　7
第2章　教育心理学から見た「主体性」
　　　　——自己調整学習の観点から　　　　　　　　鈴木　雅之　　31
第3章　主体性評価にどう向き合うか　　　　　　　　西郡　　大　　49
第4章　大学入学者選抜における評価尺度の多元化と
　　　　選抜資料としての調査書　　　　　　　　　　倉元　直樹　　75

第Ⅱ部　高等学校における主体性評価への対応
第1章　学びの中の主体性
　　　　——生徒の日常生活と真の学力　　　　　　　有山　智雄　　107
第2章　「主体性評価」と「学力形成」のはざまで　　　千葉　栄美　　117
第3章　「主体性評価」導入をどうとらえるか
　　　　——「本当に大切なものは目に見えない」　　　石井　裕基　　131
第4章　討議　　　　　　　　　　　　　　　　　　　　　　　　　147

第Ⅲ部　主体性評価の動向
第1章　台湾の 2022 年入試改革
　　　　——学習ポートフォリオを活用する「個人申請入学」を主流に
　　　　　　　　　　　　　　　　　　　　　　　　　石井　光夫　　171
第2章　我が国の近年の教育改革
　　　　——初等・中等教育から高等教育へのつながり　銀島　　文　　191

おわりに ——ボールは大学に　　　　　　　　　　　倉元　直樹　203

執筆者一覧　　　　　　　　　　　　　　　　　　　　　　　209

序章　本書の構成

倉元　直樹・石井　光夫（東北大学）

　本書は、「高等教育ライブラリ10　大学入試改革にどう向き合うか」（東北大学高度教養教育・学生支援機構編 2016）、「高等教育ライブラリ12　大学入試における共通試験の役割」（東北大学高度教養教育・学生支援機構編 2017）、「高等教育ライブラリ14　個別大学の入試改革」（東北大学高度教養教育・学生支援機構編 2018）に続く、「高大接続改革」に関する企画の第4弾である。既刊3冊と同様に、2018（平成30）年5月21日（月）に実施された「第28回東北大学高等教育フォーラム（新時代の大学教育を考える［15］）「『主体性』とは何だろうか──大学入試における評価とその限界への挑戦──」で行われた基調講演、現状報告、討議の内容を中心に、新しく書き下ろされた原稿で構成されている。本書では、「主体性」を巡り、主として「『主体性』とは何か」、「『主体性』をどのように評価すべきか」という二つの観点からの議論が展開されている。本書は以下の三つのパートに分かれている。

　第1部は「大学入試における主体性の理論と主体性評価」に関わる四つの学術的論考から構成されている。

　最初の二つの論考は、二人の心理学者が心理学の観点から「主体性とは何か」をひも解き、その上で「主体性評価」を論じている点が共通している。ただし、そのアプローチと結論はそれぞれ特徴のあるものとなっている。第1章では、東北大学の宮本友弘氏が「主体性」の概念に対して「動機づけ」と「アイデンティティ」からのアプローチでその構造を詳らかにした。その上で、主体性評価を学力重視のAO入試という筆記試験を中心とした東北大学の入試制度の仕組みの中に位置づけることを試みている。一方、第2章における横浜国立大学の鈴木雅之氏のアプローチ

は、学力を「学ぶ力」と「学びに向かう力」に切り分けた上で、その諸相を統合する概念として「自己調整学習」のモデルで主体性をとらえようとするものである。その評価方法として、ポートフォリオに一定の期待を寄せつつも、現実の大学入試場面での利用については解決が難しい困難を抱えていることを指摘している。

　第Ⅰ部後半の二つの章は、大学入試における「主体性評価」に直接焦点を当てた論考となっている。第3章では、佐賀大学の西郡大氏が主体性評価に直面した大学の立場から、書類審査による主体性評価手法の開発について論じている。様々な困難な課題を認識しつつ、それを具体的に乗り越える方法を求めて、模索している様相が語られている。一方、第4章では編者の一人である倉元直樹が「評価尺度の多元化」というわが国の伝統的な大学入試政策の中に主体性評価を位置づけ、筆記試験以外の選抜方法の模索、とりわけ、調査書の評価にまつわる研究を紹介している。評価尺度の多元化に関する苦難の歴史と、諸問題が未解決のままに主体性評価に突入しようとする現状の困難さが改めて浮き彫りになっている。

　学術的色彩が濃かった第Ⅰ部に対し、「高等学校における主体性評価への対応」と題した第Ⅱ部は、特に多様な環境におかれた高校現場の生の声を拾い集めようとする試みとなっている。第1章では、首都東京に立地する日本有数の男子進学校である開成中学校・高等学校の有山智雄氏によって、勤務校に学ぶ生徒が学校行事を中心とした様々な活動に主体性溢れる姿でアプローチする様子が生き生きと語られている。第2章は、対照的に本州最北端青森県下北半島の公立進学校、青森県立田名部高等学校の千葉栄美教諭による、生徒を主体的な学びに向かわせるための学校側の努力と工夫に関する報告である。環境的なハンディキャップを乗り越えようとするための苦闘と苦悩が伝わってくる。第3章では、香川県立観音寺第一高等学校教諭の石井裕基教諭が、同僚教職員へのアンケート調査を通じて主体性評価に対する現場教員の戸惑いと不安を吐露している。

第4章は、「第28回東北大学高等教育フォーラム 『主体性』とは何だろうか――大学入試における評価とその限界への挑戦――」において展開されたパネルディカッションを採録する形で、第Ⅰ部、第Ⅱ部における議論を暫定的にまとめる役割を担っている。高校が大学入試に何を求めるのか、大学は高校に何を伝えたいのか、現時点での暫定的な「回答」が見え隠れする。

　「主体性評価の動向」と題した第Ⅲ部は、わが国におけるリアルタイムの高大接続の現場をやや離れた立場から俯瞰する視点を提供するものとなっている。編者の一人である石井光夫による第1章は、主体性重視の評価に邁進する台湾の大学入試改革の現状に関する報告である。主体性評価に関わる諸問題を脇に置いて、主体性評価重視の入試制度に突き進む台湾の姿は、わが国の模範とすべきものなのか、あるいは、他山の石なのか。第2章は、国立教育政策研究所の銀島文氏による報告である。国際比較調査、初等教育・前期中等教育という、現場に密着した高校や大学の視点とは離れた地点から主体性評価が注目される背景について解説を加えた論考である。

　本書は全体として以上のような構成となっている。とりわけ、大学入試における「主体性」ないしは「主体性評価」に関心を寄せる、様々な立場の方にとって、この中のいずれかの論考から、自らの問題に引き寄せて参考とできる情報が得られることを願っている。

【文献】
東北大学高度教養教育・学生支援機構編（2016）『高等教育ライブラリ10　大学入試改革にどう向き合うか』東北大学出版会.
東北大学高度教養教育・学生支援機構編（2017）『高等教育ライブラリ12　大学入試における共通試験』東北大学出版会.
東北大学高度教養教育・学生支援機構編（2018）『高等教育ライブラリ14　個別大学の入試改革』東北大学出版会.

第Ⅰ部

大学入試における主体性の理論と主体性評価

第1章 「主体性」評価の課題と展望
――心理学と東北大学 AO 入試からの示唆

宮本　友弘（東北大学）

1. はじめに

　今般の高大接続改革を方向づけている考え方の一つに「学力の三要素」と呼ばれる学力観がある。この学力観は、2007（平成19）年の学校教育法改正時に学校教育で重視すべき事項として新たに第30条第2項に明記された「知識・技能」「思考力・判断力・表現力」「主体的に学習に取り組む態度」の三つに依拠したものである。このうち、第3の要素は高大接続改革を先導した中央教育審議会答申（中央教育審議会 2014）において「主体性を持って多様な人々と協働して学ぶ態度（主体性・多様性・協働性）」と文言を変えた。本稿でいう「主体性」とはこれを前提とする。

　今後の各大学の入学者選抜では「学力の三要素」を多面的・総合的に評価するものへと改善し、一般入試でも「主体性」を積極的に評価することが求められている（高大接続システム改革会議 2016）。しかしながら、高大接続改革に関する一連の公文書において「主体性」を評価することの意義や重要性は強調されているものの、その具体的な内容が明確に示されているとは言い難い。正称の終わりは「態度」とあるので「認知」に対するという意味で「情意」あるいは「非認知」の領域を示唆する内容であると考えられるが、具体的に何を評価するかまではよく分からない。

　そもそも「学力の三要素」自体[1]が学術的な検討や審議会等の議論を経ておらず、根拠が希薄であるとする指摘さえある（南風原 2016：22）。また、高大接続改革に関する中央教育審議会での審議過程において「学力の三要素」は唐突に登場したともいう（荒井 2018：97）。

　一方では「主体性」の評価方法として、調査書、高等学校までの学習や活動の履歴、志願者本人が記載する資料、面接等が例示されている（高

大接続システム改革会議 2016 ; 文部科学省 2018)。先述の通り、「主体性」は情意あるいは非認知の領域と考えられるが、そうした領域は従来から筆記試験では評価が難しいとされてきた (辰野 2001)。それだけに、筆記試験以外の多様な評価方法が推奨されていることは理解できる。しかし、「主体性」の具体的な内容が不明瞭である以上、例示された諸方法が「主体性」を的確に捉え得るかどうかは定かではない。

　また、例示された各方法自体にも測定論的には様々な問題を抱えている。例えば、調査書は受験生の日常的活動記録の集積であり、選抜資料としてより妥当性が高いのではないかという期待が寄せられているが、学校間や教師間で評価基準が異なる等、測定尺度としての信頼性に構造的欠陥があることが約60年前から指摘されてもいる (倉元 2015 : 4)。

　以上の通り「主体性」についての吟味が十分でないまま、評価のための「道具立て」が入学者選抜での学力評価に適用されようとしている。「主体性」の定義や解釈については、学術研究のうえで様々な見解があり必ずしも一致をみることができないという指摘もある (関西学院大学ほか 2017 : 1)。とはいえ、「主体性」を積極的に評価するためには、少なくとも、当該の評価方法を採用するにあっての裏付けとなる「主体性」についての各大学なりの解釈を確立する必要があるのではないだろうか。

　そこで、本稿では、まず筆者の専攻する心理学の観点から、「主体性」の解釈を試みたい。「主体性」が示唆する情意あるいは非認知の領域はまさに心理学の研究対象であり、参考になる知見も多いと考えられる。次に、現在の高大接続改革の流れの中でも入試改革の一つの成功例と看做されてきた (倉元 2018 : 120)、東北大学のAO入試を事例として取り上げ、先に試みられた心理学的解釈を踏まえ、「主体性」に関する評価がどのように行われてきたかを考察する。以上を足掛かりにして、最後に、一般入試における「主体性」評価の今後の展望について検討してみたい。

2. 心理学からみた「主体性」の検討

　心理学において主体性一般に関する検討は、大きく二つの流れにおい

て展開されてきたという（中間2016：7-8）。要約すれば、①人はいかにして主体性をもつのか、②人はいかにして主体性によって行動するのか、といった二つの問いである。前者については「アイデンティティ」（identity）が、後者については「動機づけ」（motivation）が代表的な概念である。中間（2016）と順序は逆になるが、ここではまず動機づけの観点から「主体性」を検討してみたい。

2.1 動機づけと「主体性」
2.1.1 動機づけの分類

「動機（motive）」が行動を引き起こす作用または過程を動機づけという（田中1994：123）。動機には、空腹や渇きなど生理的・生物的な動機（「欲求」、「要求」ともいう）と学習活動や目標行動など意識的・社会的動機（「意欲」、「意志」ともいう）がある。「主体性」の正称にある「学ぶ態度」は学習意欲（学習動機づけ）と不可分である（鹿毛2013：5）。

従来から、動機づけは、「内発的動機づけ」と「外発的動機づけ」の二つに区別されてきた。両者は、「目的－手段（それ自体が目的か、別の目的のための手段か）」と「自律－他律（自ら進んでやるか、やらされているか）」の二つの観点から分類される（櫻井2009：4-5）。学習についていえば、内発的動機づけは、学習自体が目的となり、自律的に学習に取り組む場合である（図1「Ⅰ」）。一方、外発的動機づけは、学習は別の目的を達成するための手段であり、他律的に学習に取り組む場合である（図1「Ⅲ」）。現実的には、図1「Ⅱ」のように、学習は手段だが、自律的な取り組みも存在する。むしろ、小学校低学年時を除けば多くの人はこの動機づけで学習に取り組んでいると考えられる。櫻井（2009）は、これを「社会化された外発的動機づけ」と名付けた。

なお、図1「Ⅳ」は、学習は目的だが他律的に取り組む場合であり、自然な状況ではほぼ存在しないと考えられる。ただし、速水（1998）は、教師が子どもにとって興味深い教材を完全に準備し、おぜん立てすることによって子どもが学習に打ち込みつつも、教師のおぜん立てがなくなっ

た途端、取り組まなくなるような事態が該当するとし、「疑似内発的動機づけ」と呼んでいる。

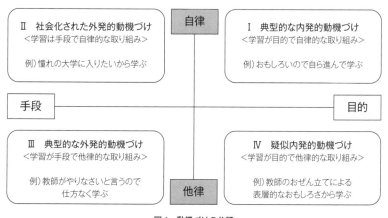

図1　動機づけの分類
(速水1998、櫻井2009より作成)

　現在は二つの観点のうち「自律−他律」が重視され、この次元で内発的動機づけと外発的動機づけを段階的に捉える「自己決定理論(self-determination theory：Deci & Ryan 2002)」が定着している。そこでは、当該の行動の価値を自分のものにすること(内面化)によって、自律性(自己決定)の程度が進むとしている。例えば、最初は教師に言われて仕方なくやっていた受験勉強も、大学に行くことの意義や学問への興味を自分なりに見出すことによって次第に自ら進んで取り組むようになるような場合である。

　こうした自己決定の程度に応じて、外発的動機づけには四つの調整段階(スタイル)が設定された(図2)。学習についていえば、①「外的調整」は学習課題をすることに価値を認めておらず、外部からの強制で学習をする段階、②「取り入れ的調整」は学習課題をすることに価値を認めつつも、自分のものとして十分に受け入れてはいない段階、③「同一化的調整」は学習課題をすることに自分にとって価値があることを認識し、学習課題に積極的に取り組もうとする段階、④「統合的調整」は学習課

題をすることが自分の価値観と一致し、違和感なくその課題に取り組む段階、である（櫻井 2009：101-104）。このうち、取り入れ的調整、同一化的調整、統合的調整は、図1「Ⅱ」の社会化された外発的動機づけを細分化したものとみることもできよう。

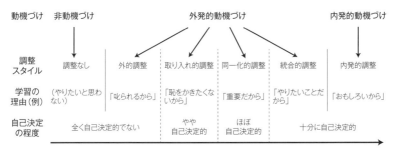

図2　自己決定の連続体としての動機づけ
（櫻井 2009、鹿毛 2013 より作成）

2.1.2　動機づけの三水準

以上の分類とは別に、動機づけには、図3に示した「特性レベル」「領域レベル」「状態レベル」の三つの水準があるとされる（速水 1998；鹿毛 2013）。

最上位にある特性レベルとは、例えば「何事にも挑戦したい」といった特定の場面や領域を越えた一般的な傾向性であり、個人のパーソナリティの一部として全般的に機能する水準である。

次の領域レベルは動機づけの対象となる文脈や領域の内容に即して発現する水準である。例えば、「部活動」には意欲的であるが「勉強」には意欲的でない、などの場合である。また、同じ勉強でも「国語」「数学」「英語」、あるいは、同じ英語でも「聞く」「話す」「読む」「書く」と、領域レベルの動機づけはさらに分化して捉えることができる。

最後の状態レベルとは、その場、その時に応じて現れ、時間経過とともに現在進行形で変化する水準である。例えば、「授業中、教師の説明を聞いてるときはやる気を見せなかったが、生徒どうしのディスカッションになった途端、急に張り切り出した」というように「今、ここ」での動

機づけである。

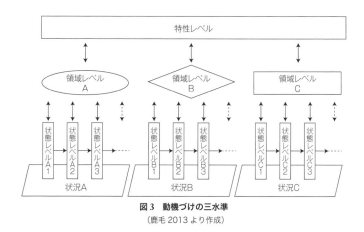

図3　動機づけの三水準
(鹿毛 2013 より作成)

　以上の三水準は相互に影響を及ぼし合っている(鹿毛 2013)。例えば、「何事にも挑戦したい」人は、勉強にもスポーツにも意欲的に取り組もうとする。すなわち、上位の動機づけ水準は下位の動機づけ水準に汎用的に作用する可能性がある。
　一方、同じ水準の目的の異なる動機づけ間にも関連が生じる(速水 1998：45)。例えば、国語の動機づけが高まると英語の動機づけも高まる、といった場合である。速水(1998：46)はこれを「動機づけの般化」と呼んだ。ただし、この般化の仕方には発達段階による差や個人差が見られる。一般に子どもの頃は領域レベルの動機づけは未分化であり、各動機づけの間の距離が短かく般化しやすい。しかし、大人になるほど分化が進み、一つの動機づけから別の動機づけまでの距離が長くなり、般化しにくくなる。また、個人差が拡大し、例えば、勉強とスポーツの領域を近似したものと捉える人と異なるものと捉える人に分化する。

2.1.3　「主体性」評価への示唆
　「主体性」を動機づけから捉えた場合、本節第1項で述べた「動機づけ

の分類」の観点から見ると「より高い自律性を持って『学び』に取り組んでいる状態」と考えられる。したがって、その評価にあたっては学習に対する自律性を把握することが重要となる。一般に、動機づけを把握するための方法には、行動観察、他者評定、自己報告の三つがあるが、最も直接的な方法は行動観察と他者評定であるとされる（鹿毛 2013：14）。この点においては「主体性」の評価方法として例示されている調査書は適切な方法ではある。その際、表面的な行動だけでなく、図1における「自律性」、図2における「自己決定」の程度に照らし合わせて考えるならば、生徒が当該行動に自律的に取り組む「理由」にも目を向けることで「主体性」の実相に接近できることになる。

　こうした方法とは別に、動機づけの把握においては一考すべき事実がある。それは、学習動機づけが学習成果を予測し、知識や技能の獲得、思考や表現といった活動の基盤となるということである（鹿毛 2018: 156）。動機づけに関する国内外の研究によって、内発的動機づけが外発動機づけよりも高い学習成果をもたらすことが示されてきた。最近では、自律性の程度によって使用される学習方略[2]が異なり、学業成績への影響も左右されることも分かってきた（西村ほか 2011）。このことから、伝統的な筆記試験の成績にも、学習動機づけが一定程度反映されていると考えられる。とすれば、筆記試験は、間接的ではあるが、「主体性」を把握する方法と見なすことができる。

　次に、本節第2項で述べたモデルに基づけば「主体性」についての動機づけ水準をどう考えるかが重要となる。領域レベルでは「主体性」の正称に「学ぶ態度」とあることから、文字通り「学び（学習）」という文脈・領域で差支えないだろう。そうだとすれば、次に問題となるのは、調査書等に記載される「学び」以外の文脈・領域において見られた自律的な動機づけが「学び」においても同様に発揮されるかどうかである。すなわち、動機づけの「般化」が生じるかどうかである。

　一般に青年期の特徴は多様な方向への動機づけが示されるようになり、動機づけの方向が分化してくることである（速水 1998：54）。分化が進む

ほど、動機づけの般化が生じにくいことは先述の通りである。

　この点に関して脇田ほか(2018)の知見はきわめて興味深い。脇田らは、大学に提出された約6千名分の調査書の記載内容と入学後の成績(GPA)との関連を調べた。その結果、特別活動(生徒会会長、生徒会役員、学級代表、委員会委員長・副委員長の経験の有無)、部活動(部活動の所属の有無、部活動成績)と、GPAとの関連はほとんど見られなかったという。仮にGPAが大学での学習動機づけを反映しているとすれば、この結果は特別活動や部活動といった「学び」とは異なる文脈・領域での自律的な取り組みが大学入学後の「学び」での自律的な取り組みには直結しないことを物語っている。青年期において、動機づけの般化が生じにくいことの傍証といえよう。

　かくして「主体性」を動機づけという観点から捉えた場合、その評価にあたっては、① 筆記試験の結果も考慮に値すること、② 調査書等の評価では「学び」という文脈・領域を重視すること、の2点が示唆される。

2.2　アイデンティティと「主体性」

2.2.1　アイデンティティ

　青年期はただ児童期の延長線上にあるわけではなく、親や教師などの重要な他者の影響を受けて構築してきた児童期までの自己、すなわち、自らの価値や理想、将来の生き方などを見直し、再構築する発達期である(溝上 2016:21)。そうした過程にはさまざまな要因が影響するが、とくに社会的に進路決定・職業選択が要請されることが重大な要因である。すなわち、自分がどんな進路やどんな職業に向くかを決めるには自分がどんな人間であるかを知る必要があり、それまでの時期に自分の意識の中に蓄積された多様な自分の感覚をまとめて一つの定義をあたえることが要請されるのである(田中 1994:8)。

　そうした自分の定義をエリクソン(Erikson 1959=1982)は「アイデンティティ」と呼び、その形成が青年期の重大な課題として考えられるようになった。なお、アイデンティティは「同一性」と訳されるが、その含

意するところは「自分は○○である」(自分は○○と同一である)という意味である。

アイデンティティには二つの側面がある(溝上 2016：25)。一つは現在の自分がまとまっている感覚(斉一性)と、過去から未来へと続いている感覚(連続性)である。もう一つは理想として見出した自分の定義を、他者に対してあるいは社会の中でさまざまに試し(役割実験という)、認めてもらうことである。この二つの絡み合いによって、全体感情としてのアイデンティティの感覚が形成される。

児童期においては、親や教師などの重要な他者による外的な基準(あるいは、同一化によってそれを内面化したもの)によって行動が決定される。それが青年期に至ってアイデンティティが確立されることによって、心理的安定感が得られるとともに「自分は○○だ」「だから△△するんだ」と自己基準で行動を決定できるようになる。それはまさに自分の「意志」になり、自律性の源泉となる。この点にこそ、児童期と青年期の明確な違いがある。

ただし、1人ひとりの青年にとってアイデンティティの確立は容易ではない。この点について、マーシャ(Marcia 1966)は、「危機(crisis)(どう生きるかの選択肢の探索)」と「傾倒(commitment)(決断した生き方への傾倒)」の二つの基準からアイデンティティの状態(identity status)を次の四つに分けた。すなわち、マーシャによれば、危機を経験し、傾倒を行っているのが「アイデンティティ達成(identity achievement)」、危機を経験中で、傾倒しようとしているのが「モラトリアム(moratorium)」、危機を経験せずに傾倒しているのが「早期完了(foreclosure)」、危機に関わらず傾倒していないのが「アイデンティティ拡散(identity diffusion)」という状態にあるのだとされる。一般に「アイデンティティ拡散」→「早期完了」→「モラトリアム」→「アイデンティティ達成」という順序で発達するとされるが、一つの状態のままでいる人が5割以上いたり、変化したとしても、「向上」している場合は「退歩」している場合に比べて多少多い程度であるという説もある(無藤ほか 2004：263)。

2.2.2 自己形成

青年期におけるアイデンティティ形成を具体的に捉える上で溝上（2011）が新たに提起した「自己形成」についての考え方は非常に有益である。彼は、自己形成とはある特定の（発達的）方向性を持って変化する自己発達ではなく、ああでもない、こうでもないと「自己を主体的に、個性的に形作る行為である」と再定義した。その上で実際の自己形成活動には、個別的から抽象的・一般的までの「水準」があるとした。

個別的水準の自己形成活動とは、日常的に自分らしく生きるため、あるいは自分を成長させるために頑張ってる具体的な活動で、例えば「専門、専門外を問わず、いろいろなことに興味を持って勉強しよう」「いろいろな活動に参加してたくさん友だちをつくろう」などである。一方、抽象的・一般的水準の自己形成活動は、アイデンティティ形成である。

また、日々の個別的水準の自己形成活動には時間的展望を持つ目標達成的な活動(例、英語を使った仕事をするために頑張る)、将来目標とは直結しないが将来に向けた基礎活動(例、資格を取っておく)、目標達成的ではあるものの時間的展望を持たない活動(例、やりたいことをやる)といった3種類が存在することを見出した。さらに、時間的展望を伴う自己形成活動は抽象的・一般的水準のアイデンティティ形成に影響するが、時間的展望を伴わない自己形成活動はさほど影響しないことが実証されている（溝上ほか 2016）。

2.2.3 「主体性」評価への示唆

「主体性」をアイデンティティから捉えた場合、本節第1項で述べた通り、アイデンティティはまさに「主体性」の源泉であるといえる。すなわち、自分の生き方にとって、今、そして、将来も「学び」に傾倒すべきかどうかを決定するための自己基準となる。アイデンティティの考え方に依拠することによって、これまでの「学び」における「主体性」と大学入学後の「学び」における「主体性」が一貫したものとなることを期待できる。

そういった期待の下に「主体性」の本質を評価したいならば、「アイデンティティの程度や状態」を評価すべきであろう。しかしながら、個人のアイデンティティがどのような程度あるいは状態であるかを捉えるのは容易ではない。したがって、一般入試においてアイデンティティの程度や状態を直接的に評価しようと試みるのは現実的ではない。もっといえば、そもそもは入試の前、志望校や学部・学科・専攻を決定する際に自らのアイデンティティを模索し、それに基づいて具体的な進路を熟考すべきものであろう。

　また、アイデンティティとは、自分の「意志」でもあることから、第1節第1項で述べた動機のうち意識的・社会的動機として、学習行動・成果と関連することも予想される。実際、対象は大学生ではあるが、アイデンティティが内発的動機づけを介して、主体的な授業態度を促進することが報告されている（畑野・原田 2014）。先述の通り、動機づけが筆記試験の結果に反映されるとすれば、アイデンティティの状態もある程度、筆記試験の結果に反映される可能性がある。

　次に、本節第2項で述べた「自己形成」という観点からは、受験生が高校時代に頑張って取り組んだ諸活動を整理する枠組みが提供されよう。そして、取り組まれた諸活動のうち「学び」に関わる領域での時間的展望を伴う活動がアイデンティティの形成に影響し、入学後の学びにおける「主体性」にも結びつく可能性がある、と考えることができる。とはいえ、調査書等から当該活動に時間的展望があるかどうかの判定は難しい。当然ながら、読み手の評価に影響する印象は書き方にも依存する。

　ところで「学び」以外の領域において、しかも時間的展望を伴わない活動は、入学後の「学び」における「主体性」にとって無意味なのであろうか。自己形成活動は児童期までの自己の見直し・再構築の作業でもある。自己形成活動においては先験的に「正解」を知ることはできず、試行錯誤を続けるのは普通のことである。その過程では、短期的かつ状況依存的にあっさり終結を迎える活動もあろう。また、逆にそうした試行錯誤の中で、たまたまアイデンティティ形成へとたどり着くこともある。

高校時代の学習や活動の履歴として現れる活動が表面的には華々しく見えない場合であっても、受験生本人にとっては、大いに意味のある活動となっている場合がある。調査書やポートフォリオなどの資料によって「主体性」を評価しようと考えるならば、そういった事実に十分に注意を傾ける必要がある。

　以上、「主体性」をアイデンティティという観点から捉えた場合、その評価にあたっては、① 高校時代の「主体性」と入学後の「主体性」の間に一貫性は見出せるのか、② 「学び」の領域において頑張った活動に時間的展望があるのか、という二つの側面における判断が重要となろう。しかし、残念ながら、いずれもその見極めは難しいと言わざるを得ない。

3. 東北大学 AO 入試における「主体性」の評価

　東北大学は、筑波大学、九州大学とともに 2000（平成 12）年度から AO 入試を国立大学として初めて実施した。東北大学の AO 入試は、当初、歯学部と工学部の 2 学部のみの実施であったが、その後拡大を続け、2009（平成 21）年度入試からは全学部に導入されることとなった。現時点（2019［平成 31］年度入試）では、募集人員全体の 24.3％ を占めるに至っている。国立大学としては有数の規模であり、多様な入試を体現した入試改革のモデルの一つと位置付けられている（倉元 2016：86）。また、アドミッションポリシーにおける AO 入試に関する記述には「幅広い基礎知識や論理的思考力、表現力・コミュニケーション能力等の学力とともに、豊かな人間性や創造力・発想力、倫理性、主体的学習意欲と協調性、学問に対する好奇心などを評価」との表現が見られることから、「主体性」と重なる内容が評価対象に含まれていることが読み取れる。

　したがって、東北大学の AO 入試における「主体性」の評価について分析を加えることは、今後の一般入試での「主体性」の評価の在り方を考える上でも参考になる。ここでは、前節での心理学的検討も踏まえながら東北大学の AO 入試における「主体性」の評価の考え方について検討してみたい。

3.1 AO入試の特徴

東北大学のAO入試には大きく二つの特徴がある。

まず第1は「学力重視のAO入試」ということである。ここでいう「学力」とは先述のアドミッションポリシーに明記されてる通りである。「学力の三要素」に擬えて言えば、「知識・技能」「思考力・判断力・表現力」に相当する。さらに、東北大学のAO入試では志願者に一般入試と同等以上の水準の学力を求めている。なぜなら、東北大学は研究者の育成が使命の一つであり、研究者の資質として学力はもっとも重要な要素であると考えられているからである（倉元2011：21）。入学後のカリキュラムが入試の種類で分けられていないことからも、AO入試と一般入試で求める学力水準を区別する必要はないと考えられていることが分かる。

学力を評価するために、表1の通りAO Ⅱ期（11月実施）では筆記試験を、AO Ⅲ期（2月実施）ではセンター試験と筆記試験（一部の学部）を課している。いずれも日常的な学習の中で学力向上の努力を抜きにしては対応不可能な課題である（倉元2011：20）。配点も他の選抜資料に比べて高い。なお、今後のAO入試に対しては、大学教育を受けるために必要な「知識・技能」「思考力・判断力・表現力」を適切に評価することが求められているが（高大接続システム改革会議2016）、いわば、その先取りをしようとしていたのだといえよう。

第2の特徴は「第1志望者のための特別な受験機会」ということである。AO入試では志望学部での「勉学を強く志望し、合格した場合には必ず入学することを確約できる」ことを出願要件としている。この点がAO入試と一般入試の相違点の一つとなる。

東北大学を第1志望とする受験生からすれば、学力重視という点では、AO入試と一般入試の間には一貫性があり、全く独立の対策をする必要性はない。「AO Ⅱ期」→「センター試験」→「AO Ⅲ期」→「一般入試」と計画的な受験準備を行うことが可能となる。実際、AO入試を不合格になった後に一般入試に再挑戦する受験生は相当数存在している（倉元2011：23）。そのうちの合格者は、直近の3年間では毎年200名を超えて

第Ⅰ部　大学入試における主体性の理論と主体性評価

いる。募集人員全体が約2,400名である中にあっては、大きな割合を占めている。

表1　2019（平成31）年度東北大学AO入試Ⅱ期・Ⅲ期の選抜資料

学部・学科		第1次選考	第2次選考
AO Ⅱ期	文学部	出願書類（活動報告書）：100 筆記試験：200	筆記試験（第1次選考成績利用）：400 面接試験（出願書類参考）：200
	法学部	出願書類：100 筆記試験：900	出願書類（第1次選考成績利用）：100 筆記試験（第1次選考成績利用）：900 面接試験：300
	理学部	倍率によって実施（出願書類）	筆記試験：200 面接試験（出願書類評価含）：100
	医学部医学科	出願書類（活動報告書）：150 筆記試験：600	筆記試験（第1次選考成績利用）：300 面接試験：150
	医学部保健学科	出願書類（活動報告書）：150 筆記試験：400	筆記試験（第1次選考成績利用）：200 面接試験：200
	歯学部	筆記試験：400	筆記試験（第1次選考成績利用）：800 面接試験（出願書類（活動報告書）評価含］：200
	工学部	倍率によって実施［出願書類（活動報告書）］	出願書類（活動報告書）：150 筆記試験：300 面接試験：150
	農学部	倍率によって実施［出願書類（活動報告書）］	出願書類（活動報告書）：300 筆記試験：400 面接試験：300
AO Ⅲ期	文学部	倍率によって実施（センター試験）	センター試験：900 面接試験［出願書類（活動報告書・自己評価書）評価含］：300
	教育学部	倍率によって実施（センター試験）	センター試験：550 面接試験（出願書類評価含）：100
	法学部	倍率によって実施（センター試験）	センター試験：900 出願書類：100 面接試験：300
	経済学部	倍率によって実施（センター試験）	センター試験：900 面接試験［出願書類（活動報告書・自己評価書）評価含］：250
	理学部	倍率によって実施（センター試験）	センター試験：900 面接試験（出願書類評価含）：200
	医学部医学科	倍率によって実施（センター試験）	センター試験：1100 筆記試験：250 面接試験［出願書類（活動報告書・自己評価書）評価含］：250
	医学部保健学科	倍率によって実施（センター試験）	センター試験：900 筆記試験：200 面接試験［出願書類（活動報告書・自己評価書）評価含］：200
	歯学部	倍率によって実施（センター試験）	センター試験：850 面接試験［出願書類（活動報告書・自己評価書）評価含］：200
	薬学部	倍率によって実施（センター試験）	センター試験：950 面接試験［出願書類（活動報告書・自己評価書）評価含］：100
	工学部	倍率によって実施（センター試験）	センター試験：900 出願書類（活動報告書・自己評価書）：100 筆記試験：100 面接試験：100
	農学部	倍率によって実施（センター試験）	センター試験：900 出願書類：50 面接試験：200

注：出願書類のうち、「調査書」「志願理由書」「志願者評価書」「英語の資格・検定試験の成績証明書等」は共通の選抜資料、それ以外はカッコ内に表示

3.2　追跡調査の結果

　AO入試に対する評価の一環として、入試の種類による入学後の成績を比較した。図2は、2009（平成21）年度、2011（平成23）年度、2013（平成25）年度の入学者を一般入試（前期日程）、AO Ⅱ期、AO Ⅲ期の3群に分け、各群の共通科目と専門科目における卒業までのGPAの平均値を示したものである。いずれの入学年度においても、共通科目、専門科目ともに、AO Ⅱ期群、AO Ⅲ期群（2013 [平成25] 年度入学者・共通科目ではAO Ⅲ期群のみ）の方がGPAの平均で一般入試（前期日程）群を統計的に上回っていた。また、AO Ⅱ期群とAO Ⅲ期群の間には統計的に差は見られなかった。このことから、AO入試による入学者の方が一般入試による入学者よりも総じて入学後の成績が高いことが示唆される。もちろん、GPAだけで学習成果を語ることはできないが、入学年度の異なる三つの集団で同様の傾向を示していることから、AO入試による入学者の方が大学での「学び」が好調であることがうかがえる。

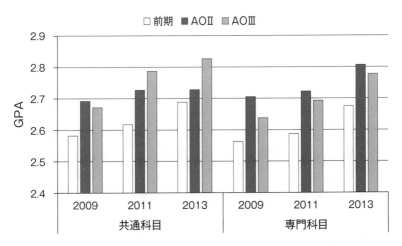

図4　入学年度別の入試の種類による卒業までのＧＰＡ（平均値）[3]

3.3 「主体性」評価の実相

東北大学のAO入試に見られる二つの特徴のうち、まず「学力重視」ということから独自の筆記試験やセンター試験が課されているが、第2節第1項で論じた「動機づけ」と「主体性」の関係性を考慮するならば、それらの成績には学習場面における動機づけが一定程度反映され「主体性」が間接的に捉えられていると見ることができる。

さらに「第1志望」を出願要件としていることから、受験生には「なぜ自分は東北大学を選択し、そこで何を学び、将来何を目指すのか」といった時間的展望を明確に持つことが要請される。これは、第2節第2項で論じた時間的展望を持つ自己形成活動そのものであり、アイデンティティ形成にもつながるものである。まさに入学後の「学び」における「主体性」の源泉となることが期待できよう。

このように、東北大学のAO入試の二つの特徴は、前節での心理学的な観点から示唆された「主体性」の評価の考え方と符合すると言える。

さらに、AO入試では、表1の通り調査書以外にも多様な書類を提出させ、その評価を行い、また、面接試験も行っている(医学部だけは一般入試でも面接を行っている)。これらにより、AO入試で入学した学生は、一般入試で入学した学生と比較して「主体性」がよりきめ細かく評価されており、「第1志望」と相まって入学後の学びにおける「主体性」も高くなることが十分予想される。AO入試と一般入試で評価される学力水準が入学者においてほぼ同等であるならば、前項で示唆されたようなAO入試で入学した学生が一般入試で入学した学生よりも成績が良好であるという結果は、こうした「主体性」の違いによるものとして説明することができる。

以上のように、東北大学のAO入試においては「主体性」が多面的・総合的に評価されることによって、大学での「学び」における「主体性」へと円滑に接続しているものと考えられる。

4. 「主体性」評価についての今後の展望

　これまでの議論を踏まえながら、本節では今後の一般入試における「主体性」の評価について考えてみたい。

　第2節では「主体性」について動機づけとアイデンティティという二つの心理学的概念から検討した。両概念は「学び」の領域・文脈においては関連することが予想されるが、測定のし易さという点を考慮すれば、実践的には動機づけとして捉えようとする方が適切であろう。すなわち、「主体性」の一つの定義として「『学び』という文脈・領域における自律性の高い動機づけ」を提案したい。

　このように「主体性」を動機づけとして定義することによって、筆記試験が評価する内容の範囲を広げることになる。すなわち、先述の通り、筆記試験の得点には学習動機づけの自律性が一定程度反映されることから、間接的ではあるがそれを「主体性」の一つの指標として位置づけることができる。

　もちろん、この考え方の前提として「学力の三要素」の各要素には相互にどのような関係があるかを確かめる必要がある。この点について、高大接続改革における「学力の三要素」の定義（中央教育審議会 2014）を改めてみると次のように記述されている。

　　「高等学校教育を通じて（ⅰ）これからの時代に社会で生きていくために必要な、『主体性を持って多様な人々と協働して学ぶ態度（主体性・多様性・協働性）』を養うこと、（ⅱ）その基盤となる『知識・技能を活用して、自ら課題を発見しその解決に向けて探究し、成果等を表現するために必要な思考力・判断力・表現力等の能力』を育むこと、（ⅲ）さらにその基礎となる『知識・技能』を習得させること（下線は筆者）」

　上記の下線部に見られたように、「その基盤となる」「その基礎となる」と、各要素間には階層的な関連性が想定されていることが分かる。した

がって、筆記試験の得点にも「主体性」を含めた「学力の三要素」がそれぞれ一定程度反映されているいう見立ては、理念的に間違っていないはずである。個人の中において「学力の三要素」は一体化しているのである。

当然ながら、「主体性」を動機づけと捉えたとしても筆記試験だけで十分に汲みつくすことはできない。第3節で述べた東北大学のAO入試のように、筆記試験以外の選抜資料にもそれぞれ役割を見出すことができる。したがって、「高大接続システム改革会議『最終報告』（高大接続システム改革会議 2016）」や「平成33年度大学入学者選抜実施要項の見直しに係る予告の改正について（文部科学省 2018）」において例示された「主体性」の評価方法は、それ自体としては一定の妥当性を有するものであろう。しかしながら、それらが有効に機能するにはAO入試のように受験者数が一般入試ほどは多くなく、きめ細かい評価が実務的に可能である場合に限られる。一般入試にAO入試並みの選抜資料を持ち込んでも、しかるべき人員と時間が確保できなければきめ細かい評価は不可能であろう。「主体性」を評価したいがために、やみくもに選抜資料を増やしても、それに応じたきめ細かい評価ができなければ、受験生の負担を増やすだけになってしまう。

かくして、評価方法をどう絞りこむかが実務上の問題となる。その際、先述したとおり、「筆記試験の得点にも『主体性』が反映される」という仮定を支持できるならば、その分、筆記試験以外の選抜資料を抑えることができよう。最終的な判断は各大学のアドミッションポリシーによるが、本稿のこれまでの議論と一般入試の現実を踏まえれば、配点も含めて、筆記試験を主軸にしつつできるだけ効果的かつ効率的に評価できる方法が望ましいと考えられる。少なくとも「主体性」を評価したいがために、他の二つの要素が犠牲になるような事態は避けたいところである。

筆記試験以外にどのような資料を求めるかは、内容的には入学後の「学び」における「主体性」を予測できる情報を得られるかどうかである。一つの目安としては第2節で述べた「学び」という文脈で発揮された動機づけを示唆する活動、あるいは、時間的展望の持つ自己形成活動を拾

い上げられるかどうかである。方法論としては、同じく第2節で動機づけを捉える方法として述べた、行動観察、他者評定、自己報告の三つがベースになろう。

5. おわりに

　今般の高大接続改革におけるキーワードの一つに「波及効果」(washback effect)がある。ハイステイクス(high-stakes)な評価(大学入試のような人の将来や意思決定に大きな影響を及ぼす評価)が、教師や学習者に与える効果のことである（村山 2006：189-192）。大学入試を変えれば高校教育も変わる、というのが今回の入試改革の発想にある。しかし、波及効果が必ずしもポジティブであるとは限らない。学習者ができるだけ効率的に高い評価を得るために、評価に行動を合わせすぎて、行動が形骸化することが考えられる。

　当然ながら、「主体性」の評価が大学入試に導入されると高校生が入試で評価されるような活動それ自体に傾倒する可能性がある。さらに、受験産業などが準備するハウツーの浸透は当然予想されることであり、開発された測定・評価ツールの持つ当初の妥当性は、おそらく年ごとに劣化していってしまうことにもなる（大塚ほか 2018：212）。

　以上のことは、入学者選抜の妥当性にとって脅威となろう。しかしながら、このことと関連して、一心理学者の観点からはそれ以上に懸念すべきことがある。

　第2節で述べたことの繰り返しになるが、高校時代はアイデンティティ形成にとって重要な時期である。自分とは何か、将来どう生きるべきかを悩みながら、自分づくり（自己形成活動）に試行錯誤する時期だからである。これは、人の生涯発達にとってきわめて重要な行為である。大学入試で「主体性」を評価することによって、こうした行為が形骸化されはしないだろうか。

　「学力の三要素」という考え方自体に筆者は異を唱えているわけではない。しかしながら、「主体性」という情意、あるいは、非認知的領域

の評価をハイステイクスな場面に持ち込むことによって、心理社会的に「健全な」発達が阻害される危険性には懸念を抱いているのである。本来、情意領域は形成的評価の対象であって、総括的評価の対象とすべきではない（石井 2015：108）と考えられてきたからだ。

　今般の高大接続改革を先導した中央教育審議会答申（中央教育審議会 2014）の副題には、「すべての若者が夢や目標を芽吹かせ、未来に花開かせるために」とある。これは、心理学的に言えば「自己実現」である。自己実現にとって、アイデンティティ形成は欠くことのできない極めて重要な基盤である。それに向けての高校時代の取り組みが促進されるような「主体性」の評価を工夫することこそが、大学の責務であろう。

【謝辞】
　本稿の執筆にあたっては、JSPS科研費 16H02051 の助成を受けた。

【付記】
　本稿は、第28回東北大学高等教育フォーラム（新時代の大学教育を考える［15］）「『主体性』とは何だろうか―大学入試における評価とその限界への挑戦―」（2018年5月21日）において、現状報告4「東北大学AO入試における主体性評価の現状と課題」として発表した内容に新たな視点から大幅に加筆して構成したものである。

【注】
1) 文部科学省がインターネット上で公開している資料を調べた限りでは、「学力の三要素」という用語は、「教育課程部会児童生徒の学習評価の在り方に関するワーキンググループ（第10回）」（平成21年12月4日）の議事録（http://www.mext.go.jp/b_menu/shingi/chukyo/chukyo3/043/siryo/1287221.htm, 閲覧 2018/11/5）において初めて登場している。
2) 詳細は本書第Ⅰ部第2章参照のこと。
3) 本グラフは、花輪公雄東北大学高度教養教育・学生支援機構長（当時）、長濱裕幸東北大学入試センター長、杉本和弘東北大学教育評価分析センター長の了解のもと、東北大学教育評価分析センターから提供されたデータを基に、平成29年度東北地域大学教育推進連絡会議において、筆者が「東北大学のAO入試」という題目で行った講演の資料として作成したものである。

【文献】

荒井克弘（2018）「高大接続改革の迷走」，南風原朝和編『検証　迷走する英語入試―スピーキング導入と民間委託』岩波書店，pp. 89-105.

中央教育審議会（2014）「新しい時代にふさわしい高大接続の実現に向けた高等学校教育，大学教育，大学入学者選抜の一体的改革について〜すべての若者が夢や目標を芽吹かせ，未来に花開かせるために〜（答申）」，http://www.mext.go.jp/b_menu/shingi/chukyo/chukyo0/toushin/__icsFiles/afieldfile/2015/01/14/1354191.pdf（閲覧 2019/2/8）.

Deci, E. L. and Ryan, R. M. eds.（2002）*Handbook of self-determination research*, Rochester: University of Rochester Press.

Erikson, E. H.（1959）*Identity and the life cycle: Selected papers*, New York: International Universities Press.（=1982，小此木啓吾訳編『自我同一性―アイデンティティとライフ・サイクル』誠信書房.）

南風原朝和（2016）「新テストのねらいと予想される帰結」，『指導と評価』62 巻 9 月号，pp. 21-23.

畑野快・原田新（2014）「大学生の主体的な学習を促す心理的要因としてのアイデンティティと内発的動機づけ：心理社会的自己同一性に着目して」，『発達心理学研究』第 25 巻第 1 号 , pp. 67-75.

速水敏彦（1998）『自己形成の心理―自律的動機づけ』金子書房.

石井英真（2015）「教育目標と評価」，西岡加名恵・石井英真・田中耕治編『新しい教育評価入門―人を育てる評価のために』有斐閣，pp. 77-111.

鹿毛雅治（2013）『学習意欲の理論―動機づけの教育心理学』金子書房.

鹿毛雅治（2018）「学習動機づけ研究の動向と展望」，『教育心理学年報』第 57 集，pp. 155-170.

関西学院大学・大阪大学・大阪教育大学・神戸大学・早稲田大学・同志社大学・立命館大学・関西大学（2017）「平成 28 年度委託業務成果報告書　各大学の入学者選抜改革における課題の調査分析及び分析結果をふまえた改革の促進方策に関する調査研究と『主体性等』をより適切に評価する面接や書類審査等 教科・科目によらない評価手法の調査研究」，http://www.mext.go.jp/a_menu/koutou/senbatsu/__icsFiles/afieldfile/2019/01/22/139724_005_01.pdf（閲覧 2019/2/8）.

高大接続システム改革会議（2016）「高大接続システム改革会議『最終報告』」，http://www.mext.go.jp/component/b_menu/shingi/toushin/__icsFiles/

afieldfile/2016/06/02/1369232_01_2.pdf（閲覧 2019/2/8）.

倉元直樹（2011）「大学入試の多様化と高校教育―東北大学型『学力重視の AO 入試』の挑戦―」, 東北大学高等教育開発推進センター編『高大接続関係のパラダイム転換と再構築』東北大学出版会, pp. 7-40.

倉元直樹（2015）「大学入学者選抜における高校調査書」,『教育情報学研究』第 14 号, pp. 1-13.

倉元直樹（2016）「大学入試改革モデルとしての『東北大学型 AO 入試』の誕生―『昭和 62 年度改革』の教訓から」, 東北大学高度教養教育・学生支援機構編『高大接続改革にどう向き合うか』東北大学出版会, pp. 85-113.

倉元直樹（2018）「大学入試の諸原則から見た東北大学の入試改革」,『大学入試研究ジャーナル』No.28, pp. 119-125.

Marcia, J.E.（1966）"Development and validation of ego-identity status", *Journal of Personality and Social Psychology*, Vol.3, No.5, pp. 551-558.

溝上慎一（2011）「自己形成を促進させる自己形成モードの研究」,『青年心理学研究』第 23 巻, pp. 159-173.

溝上慎一（2016）「青年期はアイデンティティ形成の時期である」, 梶田叡一・中間玲子・佐藤徳編『現代社会の中の自己・アイデンティティ』金子書房, pp. 21-41.

溝上慎一・中間玲子・畑野快（2016）「青年期における自己形成活動が時間的展望を介してアイデンティティ形成へ及ぼす影響」,『発達心理学研究』第 27 巻, pp. 148-157.

文部科学省（2018）「平成 33 年度大学入学者選抜実施要項の見直しに係る予告の改正について」,

http://www.mext.go.jp/component/a_menu/education/micro_detail/__icsFiles/afieldfile/2018/11/06/1397731_03.pdf（閲覧 2019/2/8）.

無藤隆・森敏明・遠藤由美・玉瀬耕二（2004）『心理学』有斐閣.

村山航（2006）「教育評価」, 鹿毛雅治編『朝倉心理学講座 8　教育心理学』朝倉書店, pp. 173-194.

中間玲子（2016）「日本人の自己と主体性」, 梶田叡一・中間玲子・佐藤徳編『現代社会の中の自己・アイデンティティ』金子書房, pp. 2-20.

西村多久磨・河村茂雄・櫻井茂男（2011）「自律的な学習動機づけとメタ認知的方略が学業成績を予測するプロセス―内発的な学習動機づけは学

業成績を予測することができるのか？―」,『教育心理学研究』第 59 巻, pp. 77-87.
大塚雄作・柴山直・植阪友里・遠藤俊彦・野口裕之（2018）「学力の評価と測定をめぐって」,『教育心理学年報』第 57 集，pp. 209-229.
櫻井茂男（2009）『自ら学ぶ意欲の心理学―キャリア発達の視点を加えて』有斐閣.
田中敏（1994）『心のプログラム―心理学の基礎から現代社会の心の喪失まで―』啓文社.
辰野千壽（2001）『改訂増補 学習評価基本ハンドブック―指導と評価の一体化を目指して―』図書文化.
脇田貴文・北原聡・伊藤博介・井村誠・中田隆（2018）「大学入学者選抜における調査書活用に向けた課題（2）―調査書記載事項の活用可能性―」,『平成 30 年度全国大学入学者選抜研究連絡協議会大会（第 13 回）研究発表予稿集』pp. 22-27.

第2章　教育心理学からみた「主体性」
——自己調整学習の観点から

鈴木　雅之（横浜国立大学）

1. はじめに

　「新しい時代にふさわしい高大接続の実現に向けた高等学校教育、大学教育、大学入学者選抜の一体的改革について（答申）」では、高等学校教育を通じて育成・習得すべき資質・能力として、以下の三つが挙げられた（中央教育審議会 2014）。

a)　知識・技能
b)　知識・技能を活用して、自ら課題を発見し、その解決に向けて探究し、成果等を表現するための思考力・判断力・表現力
c)　主体性を持って多様な人々と協働して学ぶ態度（主体性・多様性・協働性）

　「知識・技能」「課題解決に必要な思考力・判断力・表現力」「主体的に学習に取り組む態度」は、2007（平成19）年の学校教育法改正によって、「確かな学力」を構成する三つの要素（学力の三要素）としても位置づけられたものである。答申では同時に、各大学の個別選抜において、「主体性・多様性・協働性」の評価を推進することも明確にされた。これらのうち、主体性を評価するための方法としては、「小論文（エッセイ）」「面接、ディベート、集団討論、プレゼンテーション」「高校時代の学習・活動歴（調査書、活動報告書、各種大会や顕彰の記録、資格・検定試験の結果、推薦書等）」が挙げられている（高大接続システム改革会議 2016; 文部科学省 2017）。

　しかし、主体性の評価を成果にのみ基づいて行うことは困難だといえ

る。たとえば、資格・検定試験や部活動などで成果を挙げていたとしても、それが自ら能動的に活動に取り組んだ成果であるのか、親や教師から言われて取り組んだ成果であるのかなどについて判断することはできない。言い換えれば、「どのようなことに取り組んだのか」や「どのような成果を挙げたのか」といったことよりも、「どのように取り組んだのか」という過程に目を向けることが、主体性の評価においては重要と考えられる。

では、過程に目を向ける場合に、主体性や主体的な行動とは、どのようなものであろうか。本章では、主体性を心理学の理論から捉え、主体性評価について展望していく。

2. 主体性とは

2.1 学びに向かう力

2018(平成30)年に公示された高等学校学習指導要領では、育成すべき資質・能力の一つとして、「どのように社会・世界と関わり、よりよい人生を送るか(学びを人生や社会に生かそうとする『学びに向かう力・人間性等』の涵養)」が挙げられている(文部科学省 2018)。また、「主体的に学習に取り組む態度」は「学びに向かう力」に含まれている。これに関連して市川(2004)は、学力を「学んだ力」と「学ぶ力」とに分類している(表1)。

表1　学んだ力と学ぶ力
(市川［2004］より作成)

学んだ力	知識, 技能, 読解力, 論述力, 討論力, 批判的思考力, 問題解決力, 追求力
学ぶ力	学習意欲, 知的好奇心, 学習計画力, 学習方法, 集中力, 持続力, コミュニケーション力

「学んだ力」とは知識の量や論述力、批判的思考力、問題解決力などであり、「学ぶ力」とは学習意欲や学習計画力、持続力などである。すなわ

ち、「学びに向かう力」や「学ぶ力」には様々な側面があり、「主体的に学習に取り組む態度」にもいくつかの側面があると考えられる。たとえば、日本史が好きで、教科書以外にも様々な書籍を読んだり、史跡や博物館等を訪れたりするなど、学習に没頭している学習者は、主体的に学んでいるといえるであろう。一方で、日本史が好きではないとしても、志望校に進学するために具体的な学習計画を立て、時には好きなことを我慢しながら目標達成のために日本史の学習に取り組む学習者もまた、主体的に学んでいるといえるであろう。言い換えれば、興味や関心を持っている学習者だけが主体的なのではなく、主体的な学習は様々な要素から構成されていると考えられる。

2.2 自己調整学習

「学びに向かう力」や「学ぶ力」の様々な側面を統合的に説明しようとする心理学の理論に、自己調整学習[1]がある。自己調整学習（self-regulated learning）とは、学習者が自分の学習プロセスを能動的に調整していくことである（犬塚 2017）。より具体的には、自己調整学習は、予見段階と遂行段階、自己内省段階の3段階で構成される循環的なプロセスとして捉えられている（図1）。

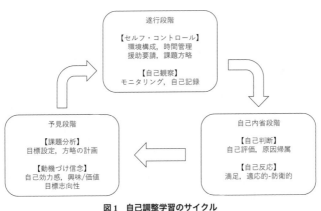

図1 自己調整学習のサイクル
(Zimmerman [2011] より作成)

予見段階とは、何をどのように学習するかについて計画を立てたり、目標を立てたりするなど、学習を実際に遂行する前に下準備をする段階である。次に遂行段階とは、予見段階で立てた計画を実行するだけでなく、取り組んでいる課題に集中したり、取り組み状況をモニタリングし、必要に応じて行動を調整したりすることも含まれる。そして自己内省段階は、学習後に学習全体を振り返る段階であり、自己内省の結果が次の予見段階に反映されることで、循環的な学習プロセスが成立されていく。たとえば、単に「目標が達成できなかった」と自己評価するだけでは、次の予見段階には適切に反映されにくいと考えられる。目標が達成できなかった場合には、うまくいかなかった原因や改善するための具体的な方策について考えることが、次の予見段階に活用する上では重要になる。

このように、予見・遂行・自己内省のサイクルを適切に循環させる学習者が、優れた自己調整学習者である。目標を達成するために計画を立て、自らを制御しながら学習に取り組み、成果について振り返って次の目標に活用しようとする学習のあり方は、まさに主体的な学習といえよう（鹿毛 2013）。実際に、「幼稚園、小学校、中学校、高等学校及び特別支援学校の学習指導要領等の改善及び必要な方策等について（答申）」においても、「主体的に学習に取り組む態度」の評価方法について、以下のような方針が示されている[2]（中央教育審議会 2016）。

> 「主体的に学習に取り組む態度」については、学習前の診断的評価のみで判断したり、挙手の回数やノートの取り方などの形式的な活動で評価したりするものではない。子供たちが<u>自ら学習の目標を持ち、進め方を見直しながら学習を進め、その過程を評価して新たな学習につなげる</u>といった、学習に関する自己調整を行いながら、粘り強く知識・技能を獲得したり思考・判断・表現しようとしたりしているかどうかという、意思的な側面を捉えて評価することが求められる。（下線は筆者による）

以上のことから，主体性は自己調整学習という観点から捉えることができる。また、自己調整学習の理論を基にすることで、主体性にはどのような側面があり、それらが互いにどのような関係にあるのかが明確になると考えられる。そこで次節以降では、自己調整学習のサイクルを適切に循環させる上で重要になる「学習方略」と「課題価値の認知」「エフォートフル・コントロール」の三つの要因に焦点を当て、主体性とはどのようなものであるのかについて、より深く論じていく。

3. 自己調整学習を支えるもの

3.1 学習方略

心理学では、学習方法や学習スキルのことを学習方略（learning strategy）と呼ぶ。学習方略は、認知的方略、メタ認知的方略、リソース管理方略の大きく三つに大別され（Pintrich et al. 1993）、各方略は、さらにいくつかの下位方略に分けられる。それらの内容や具体例を表2に示す。

まず認知的方略は、学習内容の覚え方に関する方略といえる。たとえば、学習内容を自分が分かるような言葉に置き換えたり、自分なりの言葉で言い換えたりすることを精緻化、学習内容同士の互いの関係性を図や表の形にしてまとめることを体制化と呼ぶ。これらの方略は、学習内容の意味を理解しようとするものであり、意味の理解を目指した学習をしている学習者ほど学業成績が高く、学力の伸びも大きいことが示されている（Murayama et al. 2013）。また、たとえば「死刑制度は、殺人犯予備軍を抑制することから、死刑制度は存続すべきだ」という意見があるときに、主張を無批判に受け入れて、「確かに、死刑制度はあるべきだ」と考えるのではなく、「死刑制度は本当に犯罪を抑制しているのか。死刑制度のある国とない国を比較してみよう」「冤罪で死刑になってしまった人はいないのか。死刑制度に問題はないか調べてみよう」など、批判的に思考することも認知的方略の一つとされている。学習内容の意味を全く考えずに、ただ受け身に暗記したり、批判的に考えることなく鵜呑みにしたりしている学習者というのは、主体的に学んでいるとは言い難い

であろう。そのため、意味の理解を志向したり、批判的に考えたりすることは、主体的な学びの一側面といえる。

表2　学習方略の分類と定義、および具体例
(押尾 2017, Pintrich et al. 1993, 瀬尾 2007 をもとに作成)

認知的方略	精緻化	既有知識と結びつけるなどして，覚えやすくする方略 ・新しい学習内容を自分の知識と関連させて考える ・理解しにくい用語は，自分が分かる言葉に置き換える
	体制化	学習内容が相互に関連を持つようにまとまりをつくる方略 ・学習した内容同士の関係性を図や表の形にしてまとめる ・歴史上の出来事や物質の性質など，学習した内容をノートにまとめる
	批判的思考	主張などについて考えるときに，別の可能性も吟味する方略 ・理論・解釈・結論が示されるときは，それらを裏付ける十分な証拠があるかを判断する ・主張や結論について読んだり聞いたりするときには，常にほかの選択肢の可能性について考える
メタ認知的方略	プランニング	課題を分析して目標の設定や計画の立案を行う方略 ・学習を始める前に，何を学習するべきか考える ・十分な学習時間を作るために学習計画を立てる
	モニタリング	自分自身の学習状況を把握し，行動を調整する方略 ・授業中に分からなかった内容は後で必ず解決する ・学習の進捗状況をみて，学習時間を調整する
	自己評価	学習者自身が学習の質や成果について評価する方略 ・間違えた問題は，なぜ間違えたのか，原因をつきとめる ・テストが終わった後は，学習方法が良かったかについて振り返る
リソース管理方略	依存的援助要請	必要性の吟味を十分に行わずに，援助者に頼る方略 ・なんとなくわからないときには，すぐに先生に質問する ・わからない問題があったとき，自分で考えるよりも先生に解いてもらうように頼む
	自律的援助要請	必要性の吟味を行い，考え方の説明を求める方略 ・質問するときには，まずは自分の考えを説明する ・答えだけでなく考え方も教えてもらう
	ピア・ラーニング	仲間と一緒に学習し，不確かな部分を明確にする方略 ・クラスメイトや友だちに学習内容を説明する ・ほかの生徒たちと学習内容について話す

次にメタ認知的方略[3]は、自分自身の知的状態をモニタリングし、行動を調整しようとする方略である。たとえば授業を受けた後に、「授業内容を理解できたか」「まだ分からない点はどこか」について考え、疑問点があれば自分で調べたり、先生に質問したりすることは、学習を受け身なものにしない上で重要である。また、学習前に目標を設定したり、学習計画を立てたりすることや、学習後に自己評価することもメタ認知的方略に含まれる。自己評価をする際には、単に「良かった」「悪かった」などの結果について振り返るだけでなく、成功した場合には「どうしてうまくいったのか」、失敗した場合には「うまくいかなかった原因は何か」について考え、次の学習への教訓を引き出すことが重要になる（市川 1993）。つまり、ただ結果について振り返れば自己調整学習のサイクルが実現するわけではなく、次の学習のサイクルにつなげることを意図した振り返りをする必要がある。

　最後にリソース管理方略とは、自分の周りにいる人や、周りにあるものを活用して学習をする方略である。これに関して、自分で考えずに他者に頼ることは、主体的な学習者のイメージとは異なるかもしれない。確かに、答えを教えてもらうだけで、自分では考えようともしない場合には、主体的な学習者とは言い難い。しかし、自分の力でできる限り考えたり、調べたりしてから援助を求めたり、単に答えを聞くのではなく考え方を教えてもらうなど、適切に援助を求めることは重要である。たとえば、「新任教員が児童生徒とうまく信頼関係を築くことができずに困っているのだが、他者に相談や援助要請をせずに一人で抱え込んでしまい、結果的に児童生徒との関係が改善されない」という状況は、決して好ましい状況ではないであろう。困ったときに適切に援助を求めるということは、むしろ主体的に問題解決しようとする姿勢の表れともいえるのである。

3.2　課題価値の認知

　予見段階においては、計画を立てるスキルのみならず、意欲的に学ん

でいくための仕掛け作りが重要になる。意欲を高めるための方策の一つとして、課題価値を認知することが挙げられる。課題価値（task value）の認知とは、自分が取り組む課題やその達成（行為・結果）に対して、主観的な魅力や望ましさ、有用性などの価値をどの程度認識しているかに関する側面である[4]。課題そのものや、課題の達成に価値を見出すことによって、その課題に対して意欲的に取り組むことが可能になる。「生徒指導提要」（文部科学省 2010）では、「与えられたものであっても、自分なりの意味付けを行ったり、自分なりの工夫を加えたりすること、単なる客体として受動的に行動するのでなく、主体として能動的に行動する」ことが「主体性」と定義されている。これまで述べてきた通り、主体性には様々な側面があることから、自分なりの意味づけや価値づけをすることだけが主体性ではないが、主体性を構成する重要な要素といえる。

　課題価値は、達成価値と内発的価値、利用価値の大きく三つに分類される（Eccles & Wigfield 2002：表3）。達成価値（attainment value）は、当該の課題をうまくやることに対する個人的な重要性である。言い換えると、課題に成功することが望ましい自己概念の獲得につながると考えることであり、アイデンティティと密接に関連する。たとえば、「賢い」ことが自分にとって望ましい場合に、自分の賢さをアピールすることができる課題というのは達成価値が高いことになる。また内発的価値（intrinsic value）とは、課題に取り組むことで得られる楽しさや面白さである。そして利用価値（utility value）は、制度的利用価値と実践的利用価値の二つにさらに細分化されることがある（解良・中谷 2016）。制度的利用価値とは、たとえば「進学や就職に役立つ」など、将来のキャリア上の有用性という側面である。また実践的利用価値とは、当該課題が日常生活においてどのように役立つかに関する側面である。

表3　課題価値の定義と具体例
(Wigfield et al. 2008, 解良・中谷 2016 をもとに作成)

価値の要素	定義	例
達成価値	個人にとっての重要性	数学のできる人は賢い 英語で会話ができることは誇らしい
内発的価値	活動することの楽しさ	数学の問題を解くのは楽しい 歴史の学習は面白い
制度的利用価値	将来的な有用性	医者になるためには生物の知識が必要だ 英語は大学に進学するために必要だ
実践的利用価値	日常生活での有用性	家庭科の学習内容は普段の生活で役立つ 理科の学習をすることで，身の回りの現象を理解することができる

　課題に価値を認めることができれば、その課題に対して積極的に取り組むようになると考えられる。また、自己調整学習の理論では、自己内省の結果が次の学習場面での予見段階に影響を与えることが想定されているように、学習に積極的に取り組むことによって、新たな価値に気づくということもありうる。たとえば、理科について深く学習をした結果、日常生活と理科の学習内容が結びついているということに気がつく、というようなことが考えられる。実際に河本 (2014) は、大学生を対象に、中学・高校時代の学校行事について振り返ってもらい、学校行事にどれだけ積極的に関わったかと、行事が自分にとってどのような意味があったかについて報告を求めた。その結果、積極的に行事に参加していた学生ほど、行事によって他者意識や集団への肯定的感情が高まったり、他者を統率することに習熟するようになったりしたと報告した。

3.3　エフォートフル・コントロール

　遂行段階においては特に、自分の欲求や衝動を抑えたり、計画通りに行動したりすることが求められる。「生徒指導提要」(文部科学省 2010)では、「自分の欲求や衝動をそのまま表出したり行動に移したりするのではなく、必要に応じて抑えたり、計画的に行動することを促したりする

資質」は「自律性」と呼ばれており、ストレスフルな状況や、ネガティブな感情が喚起される状況に置かれているときであっても、自身を制御して学習に取り組むことは、主体的な学習の一つの側面といえる。

　こうした資質・能力に関する心理学の概念として、エフォートフル・コントロール（effortful control）と呼ばれるものがある[5]。エフォートフル・コントロールには、「行動抑制の制御」と「行動始発の制御」「注意の制御」の三側面あるとされる（山形ほか 2005：表4）。まず行動抑制の制御とは、不適切な行動を抑制する能力である。たとえば、「ダメ」と言われたときに、その行動を止めることができるのは、行動抑制の制御の例である。また、行動始発の制御は、ある行動を避けたい時でも遂行する能力である。たとえば、「勉強する気が起きないときであっても、するべき課題はする」といった力は、行動始発の制御といえる。そして注意の制御は、集中したり、注意を切り替えたりする能力である。たとえば、「明日までの宿題があり、図書館に行って調べ物をする必要があるのだが、友だちと喧嘩をしてしまい、宿題に取り組もうという気持ちが起こらない」ということはありうる。そのようなときでも、気持ちを切り替えて課題を遂行することは、注意の制御といえる。

表4　エフォートフル・コントロールの例
（山形ほか 2005 をもとに作成）

行動抑制の制御	笑うことが不適切な状況で、笑いを抑えることができる 望ましくない行動だが習慣となっていることを止めようと決意したときに、止めることができる
行動始発の制御	期限が来る前に物事（宿題など）を終わらせる 気乗りしない時でも、面倒な課題に取り組むことができる
注意の制御	何かのことで悲しい時でも、課題に集中することができる 勉強している時に、周囲の騒音があっても集中できる

　こうした自己制御の重要性を示した研究として有名なのは、「マシュマロ・テスト」（Mischel 2014）である。これは、マシュマロを一つ与えられ、食べずに待てばもう一つマシュマロが与えられると説明されたとき

に、子どもがすぐマシュマロを一つ食べるか、後でマシュマロを二つもらえるまで待つかを調べた研究である。たとえばMischel et al. (1989) は4歳児を対象に実験を行い、マシュマロを食べずに待っている時間の長かった子どもほど、その後、学業的にも社会的にも成功したことを報告している[6]。

4. 自己調整学習という観点からみた主体性評価の課題
4.1 評価方法に関する課題

自己調整学習という観点から主体性について評価しようと考えた場合に、どのような評価方法が考えられるであろうか。一つは、表2～4に示したような項目を受験生に提示し、自己報告を求めることであろう。こうした方法は心理学研究においては多く利用されているものの、入学試験で利用しようと考えた場合には問題が多い。まず、あくまでも自己評定であることから客観性を欠き、受験生の実態を表しているという保証はない。また、入学試験で利用される場合、「どのような回答だと高く評価されるか」という考えの下で、回答が意図的に歪められてしまう恐れがある。したがって、自己評定の結果は参考にはなるとしても、選抜のための資料として活用することは困難である。

もう一つは、ポートフォリオ[7]の活用であろう。現在、学習や活動の過程について評価するための方法として、eポートフォリオが注目されており（関西学院大学 2017 ; 森本・稲垣 2018）、文部科学省大学入学者選抜改革推進委託事業（主体性等分野）で構築・運営される高校eポートフォリオ、大学出願ポータルサイトである高大接続ポータルサイト「JAPAN e-Portfolio」もある。高校での適切な学習を促進するために、ポートフォリオの活用は有効と考えられる。また、自己調整的な学習をしているかを判断するためには、学習の過程を評価対象とすることは不可欠だといえる。しかし、こうした方法には、ポートフォリオの蓄積に伴う負担や、ポートフォリオの情報を入学者選抜にどう利用するかなどの課題がある。また、本来は日々の学習をより効果的にするための

ポートフォリオが、入学試験に利用されることによって、高校での学びに弊害が生じてしまう恐れもある。たとえば、振り返りをする際に、どのような振り返りが学習改善に効果的であるかは、学習者の学習状況等によって異なる。しかし、どのような振り返りをしたかが選抜の際の資料として参照される場合、入学試験で高い評価を得られるような振り返りをすることが目標となってしまい、学習状況に応じた振り返りが阻害されるといった事態が生じうる。したがって、高校での日常の学びが、入学試験のための手段となってしまうなどの弊害がないように、ポートフォリオ評価をどう運用していくかも課題となる。

　これらの他にも、もちろん面接や調査書等で、「どのような目標を持って、どのように学習や活動を進め、どのような振り返りを行うことで次の学習・活動にどう繋げたのか」について評価することも考えられよう。しかし、実際の学習・活動の様子を見ているわけではないため、受験生の実態を捉えるには限界がある。また、どのような方法であっても、自己調整的な学習者といえるかについて判断する場合、評価者によってその判断は異なってしまう可能性がある。言い換えれば、評価者間での評価の一貫性(信頼性)の問題も考えなければならない。特に、そもそも自己調整学習という理論を十分に理解していない場合には、受験生が自己調整的であるかどうかの判断はすることができない。そのため、評価する側が自己調整学習の理論について理解を深めると同時に、評価者間で共通理解を図る必要もある。

4.2　領域固有性に関する課題

　本書第Ⅰ部第1章でも論じられているように、主体性の問題を考える際には、特定の場面や領域を越えた一般的な傾向性(特性レベル)であるのか、分野や領域の内容に即したレベル(領域レベル)であるのかという問題について考える必要がある。たとえば、「数学に関しては自己調整的な学習をしているが、英語の学習は自己調整的ではない」など、領域によって学習の様相は異なる可能性がある。

この問題について検討した心理学研究は限られているが、領域間での一貫性はある程度みられることが示唆されている(赤松2017；押尾2017；植阪2010)。たとえば押尾(2017)は、高校生を対象に、数学と国語、社会における学習方略の使用について調査を行い、数学の学習で精緻化方略やメタ認知的方略を使用している学習者というのは、国語や社会においても精緻化方略やメタ認知的方略を使用する傾向にあることなどを示している。また、学習以外の場面について検討した研究もある。上野(2014)は、高校時代に運動部に所属していた大学1年生を対象に調査を行い、競技スキル(「チームメイトと練習方法について情報を交換する」「試合ごとに何らかの目標を持って出場している」など)の高い人ほど、日常生活スキル(「一度決まったクラスの方針には従う」「長期的な目標と短期的な目標を持っている」など)も高い傾向にあることを示している。

　ただし、「関連がある」ことは「必ずそうである」ということを意味しているわけではないことには留意する必要がある。押尾(2017)の研究でも、せいぜい中程度の正の相関がみられているほどであり、たとえば数学でメタ認知的方略を使用していても、国語や社会ではメタ認知的方略をあまり使用していないという学習者は少なくない。また、反対に、数学ではメタ認知的方略を使用していなくとも、他教科では使用しているという学習者もかなりいると考えられる。したがって、自己調整学習という観点に着目したとしても、領域固有性に関する問題は残り、領域レベルと特性レベルの違いを考慮しながら評価を行う必要がある。

5．おわりに

　本章では、主体性を自己調整学習という観点から捉えてきた。知識や技能を習得させるだけでなく、自己調整学習を促進することは、学校教育において重要な目標である。そのため、自己調整学習という学習のあり方が社会の間で共有され、自己調整学習者を育成するための取り組みが広がることで、児童生徒の学習スキルの改善につながれば、それは望ましいことであろう。しかしながら、学校教育を通して自己調整学習者

を育成することが重要であるからといって、入学試験で自己調整的であるか否かについて評価することが望ましいかといえば、それはまた別の問題である。そもそも教育心理学分野においては、「自己調整的な学習をしているかどうか」を測定する方法を検討すること自体が一つの研究テーマになり得るほど、評価することは難しい問題であると認識されている。また、こうした評価方法の難しさに加え、主体性評価が導入されることで、たとえば高い評価を得るためのポートフォリオ作成といった、形骸化した学習活動が助長されてしまうなどの負の影響がみられる恐れもある。より適切な選抜方法を検討することはもちろん重要であるが、日常での学びがより充実したものへとなっていくことが何より重要であり、主体性に関する議論が学校での実りある学びに結びつくことを期待したい。

【注】

1) 自己調整学習に関する詳細な解説は、自己調整学習研究会編（2012）や Zimmerman & Schunk（2011=2014）などを参照されたい。
2) 「幼稚園、小学校、中学校、高等学校及び特別支援学校の学習指導要領等の改善及び必要な方策等について（答申）」では、学習指導要領改訂による教育目標や内容の再整理を踏まえて、観点別評価についても、「知識・技能」「思考・判断・表現」「主体的に学習に取り組む態度」の三観点に整理することの必要性が示されている。
3) メタ認知の「メタ」は「一段上の」を意味し、メタ認知は自身の知的な状態を客観的に捉え、行動を調整することを指す（メタ認知については、三宮編［2008］などを参照されたい）。「幼稚園、小学校、中学校、高等学校及び特別支援学校の学習指導要領等の改善及び必要な方策等について（答申）」では、「学びに向かう力・人間性等」の中に、「主体的に学習に取り組む態度」とは別に、メタ認知が含まれている（中央教育審議会 2016）。
4) 学習やスポーツなどの課題やその達成の価値を、課題に取り組む本人がどのように価値づけているかという意味内容に着目した理論は、課題価値理論と呼ばれる（鹿毛 2013）。
5) 自分の行動を調整する、という点ではメタ認知といえるが、心理学研究ではエフォートフル・コントロールや自己調整（self-regulation）、セルフ・コントロール（self-control）といった言葉で研究されていることが多い。また、ここでいう自己調整やセルフ・コントロールは、「自己調整学習」や、自己調整学習の遂行段階における「セルフ・コントロール」とは必ずしも同じ意味ではない。本章ではあくまでも、エフォートフル・コントロールという概念を例に「欲求や衝動を抑えたり、計画的に行動したりするための資質（自律性）」の重要性について論じている。
6) 近年の研究には、ウォルター・ミシェル（Walter Mischel）らが報告したほどの効果はないことを示しているものもある（Watts et al. 2018）。

7) 児童生徒の作品や自己評価の記録、調べたこと、教師の指導と評価の記録などをまとめた学習ファイルを、一般にポートフォリオという（西岡 2003）。またeポートフォリオ（電子ポートフォリオ）では、音声・動画ファイルなどの保存も可能であり、検索が容易であるといった利点がある（森本・小川・谷塚 2012）。

【謝辞】

本研究はJSPS科研費（基盤研究［A］JP16H02051）の助成に基づく研究成果の一部である。

【文献】

赤松大輔（2017）「高校生の英語の学習観と学習方略，学業成績との関連――学習観内，学習方略内の規定関係に着目して――」，『教育心理学研究』第65号，pp.265-280.

中央教育審議会（2014）「新しい時代にふさわしい高大接続の実現に向けた高等学校教育、大学教育、大学入学者選抜の一体的改革について――すべての若者が夢や目標を芽吹かせ、未来に花開かせるために――（答申）」, http://www.mext.go.jp/b_menu/shingi/chukyo/chukyo0/toushin/__icsFiles/afieldfile/2015/01/14/1354191.pdf（閲覧 2018/10/26）.

中央教育審議会（2016）「幼稚園、小学校、中学校、高等学校及び特別支援学校の学習指導要領等の改善及び必要な方策等について（答申）」．http://www.mext.go.jp/b_menu/shingi/chukyo/chukyo0/toushin/__icsFiles/afieldfile/2017/01/10/1380902_0.pdf（閲覧 2018/10/26）.

Eccles, J. S., & Wigfield, A.（2002）"Motivational beliefs, values, and goals", *Annual Review of Psychology*, Vol. 53, pp. 109-132.

市川伸一（1993）『学習を支える認知カウンセリング――心理学と教育の新たな接点――』ブレーン出版．

市川伸一（2004）『学ぶ意欲とスキルを育てる――今求められる学力向上策――』小学館．

犬塚美輪（2017）「よりよく学ぶためのヒント――自己調整学習――」, 鹿毛雅治編『パフォーマンスがわかる12の理論』金剛出版, pp. 177-210.

自己調整学習研究会編（2012）『自己調整学習――理論と実践の新たな展開へ――』北大路書房．

鹿毛雅治（2013）『学習意欲の理論——動機づけの教育心理学——』金子書房．

関西学院大学（2017）「各大学の入学者選抜改革における課題の調査分析及び分析結果をふまえた改革の促進方策に関する調査研究と「主体性等」をより適切に評価する面接や書類審査等 教科・科目によらない評価手法の調査研究 平成 28 年度委託業務成果報告書」，http://www.mext.go.jp/a_menu/koutou/senbatsu/__icsFiles/afieldfile/2018/04/19/1403265_05.pdf（閲覧 2018/10/26）．

解良優基・中谷素之（2016）「ポジティブな課題価値とコストが学習行動に及ぼす影響——交互作用効果に着目して——」，『教育心理学研究』第 64 号，pp. 285-295.

高大接続システム改革会議（2016）「高大接続システム改革会議（最終報告）」，http://www.mext.go.jp/component/b_menu/shingi/toushin/__icsFiles/afieldfile/2016/06/02/1369232_01_2.pdf（閲覧 2018/10/26）．

河本愛子（2014）「中学・高校における学校行事体験の発達的意義——大学生の回顧的意味づけに着目して——」，『発達心理学研究』第 25 号，pp. 453-465.

Mischel, W.（2014）*The marshmallow test: Mastering self-control.* New York, NY: Little, Brown, and Company.

Mischel, W., Shoda, Y., & Rodriguez, M. L.（1989）"Delay of gratification in children", *Science*, Vol. 244, pp. 933-938.

文部科学省（2010）「生徒指導提要」，http://www.mext.go.jp/a_menu/shotou/seitoshidou/1404008.htm（閲覧 2018/10/26）．

文部科学省（2017）「平成 33 年度大学入学者選抜実施要項の見直しに係る予告」，http://www.mext.go.jp/component/a_menu/education/micro_detail/__icsFiles/afieldfile/2017/10/24/1397731_003.pdf（閲覧 2018/9/26）．

文部科学省（2018）「高等学校学習指導要領」，http://www.mext.go.jp/component/a_menu/education/micro_detail/__icsFiles/afieldfile/2018/07/11/1384661_6_1_2.pdf（閲覧 2018/10/26）．

森本康彦・稲垣忠（2018）「初等中等教育におけるラーニング・アナリティクスの展望」，『日本教育工学会論文誌』第 41 号，pp.209-220.

森本康彦・小川賀代・谷塚光典（2012）「eポートフォリオ」，永岡慶三・山内祐平・植野真臣編『教育工学における学習評価』ミネルヴァ書房，pp. 113-127.

Murayama, K., Pekrun, R., Lichtenfeld, S., & vom Hofe, R.(2013)"Predicting long-term growth in students' mathematics achievement: The unique contributions of motivation and cognitive strategies", *Child Development*, Vol. 84, pp. 1475-1490.

西岡加名恵（2003）『教科と総合に活かすポートフォリオ評価法──新たな評価基準の創出に向けて──』図書文化.

押尾恵吾（2017）「高等学校の教科における学習方略の横断的検討──方略使用および有効性の認知に着目して──」，『教育心理学研究』第 65 号，pp. 225-238.

Pintrich, P. R., Smith, D. A. F., Garcia, T., & McKeachie, W. J.（1993）"Reliability and predictive validity of the motivated strategies for learning questionnaire（MSLQ）", *Educational and Psychological Measurement*, Vol. 53, pp. 801-813.

三宮真智子編（2008）『メタ認知──学習力を支える高次認知機能──』北大路書房.

瀬尾美紀子（2007）「自律的・依存的援助要請における学習観とつまずき明確化方略の役割──多母集団同時分析による中学・高校生の発達差の検討──」，『教育心理学研究』第 55 号，pp. 170-183.

上野耕平（2014）「ライフスキルの獲得を導く運動部活動経験が高校生の進路成熟に及ぼす影響」，『スポーツ教育学研究』第 34 号，pp. 13-22.

植阪友理（2010）「学習方略は教科間でいかに転移するか──『教訓帰納』の自発的な利用を促す事例研究から──」，『教育心理学研究』第 58 号，pp. 80-94.

Watts, T. W., Duncan, G. J., & Quan, H.（2018）"Revisiting the marshmallow test: A conceptual replication investigating links between early gratification delay and later outcomes", *Psychological Science*, Vol. 29, pp. 1159-1177.

Wigfield, A., Hoa, L. W., & Klauda, S. L.（2008）"The role of achievement values in the regulation of achievement behaviors", D. H. Schunk & B. J. Zimmerman eds., *Motivation and self-regulated learning: Theory, research, and applications*, Routledge, pp. 169-195.

山形伸二・髙橋雄介・繁桝算男・大野裕・木島伸彦（2005）「成人用エフォートフル・コントロール尺度日本語版の作成とその信頼性・妥当性の検討」,『パーソナリティ研究』第 14 号, pp. 30-41.

Zimmerman, B. J.(2011)"Motivational sources and outcomes of self-regulated learning and performance", D. H. Schunk & B. J. Zimmerman eds., *Handbook of self-regulation of learning and performance.* Routledge, pp.49-64.

Zimmerman, B. J., & Schunk, D. H. (2011) *Handbook of self-regulation of learning and performance.* Routledge.（=2014, 塚野州一・伊藤崇達監訳『自己調整学習ハンドブック』北大路書房.）

第3章　主体性評価にどう向き合うか

西郡　大（佐賀大学）

1. はじめに

　「主体性が大事である」ということについて、異論を唱える人は多くはないであろう。経済産業省が掲げる「社会人基礎力」の中でも「物事に進んで取り組む力」を「主体性」としているし、何かを学ぶ場面であったり、何かに取り組む場面において受け身であるより、主体的に取り組む態度や姿勢が求められるのは、我々が経験的にも共有できる価値観といえる。ただし、何をもって主体的であると判断するのかについては、判断する側の置かれている状況や環境によって様々であり、一様ではない。図1は、文部科学省大学入学者選抜推進委託事業（主体性分野）が2017年に実施した調査の一部である。高校教員、大学教員、企業人事担当者を対象に、探究活動、正課教育、新任社員の業務に関わる主体的な行動について尋ねたものであり、それぞれの場面における主体的な行動の例が整理されている。この結果からみても、様々な主体的な行動の場面があり、立場や状況によってその様子が異なることが明らかである。

　この捉えることが難しい主体性について、さらにその程度を比較することは、もっと困難なことだといえる。つまり、「主体性は大事である」という価値観は多くの人に共有されつつも、「主体性を評価する」（以下、「主体性評価」と略記）となると、途端に多くの課題や問題点が生じてしまうのである。

高校教員が考える探究活動における主体的だと考えられる行動の例
・学外の人たちへのコンタクト，実際の連絡やインタビューの実施等 ・授業外の自主的な活動 ・生徒自身によるテーマ設定 ・課題研究のプロセスを生徒自身が常に臨機応変に変更する ・他者と積極的に意見交換をする ・発表の場に参加する ・発表の場において質疑応答を適切にこなすことができる
大学教員が考える正課教育における主体的だと考えられる行動の例
・学生が課題に対して，他の学生と進んで議論している ・研究室に質問をしにくる ・指示していない課題に取り組んだとき ・実験計画を提案してきたとき ・講義中に，板書の内容に疑問が生じて質問をするとき ・学外での企画に参加
企業人事担当者が考える新任社員の業務に関する主体的だと考えられる行動の例
・言われた事以上のことをやる ・1教えると，いろいろ推測して10質問してくる ・自分の意見が言える ・自ら積極的に行動する ・自分の企画を上司に提案しているとき

図1　高校教員、大学教員、企業人事担当者が考える主体的行動の例

しかしながら、「生産年齢人口の急減、労働生産性の低迷、グローバル化・多極化の荒波に挟まれた厳しい時代を迎えている我が国においても、世の中の流れは大人が予想するよりもはるかに早く、将来は職業の在り方も様変わりしている可能性が高い。そうした変化の中で、これまでと同じ教育を続けているだけでは、これからの時代に通用する力を子供たちに育むことはできない（中央教育審議会 2014）。」という高大接続改革を提言した答申の問題意識に集約されるように、初等中等教育から高等教育まで一貫して、これからの時代に必要な力の育成が求められている。

その一部である「主体性を持って多様な人々と協働して学ぶ態度（以下、「主体性等」と略記）」を大学入学者選抜（以下、「大学入試」と略記）で評価することが期待されている以上、大学入試制度の設計に関わる筆者にとって、主体性評価の課題や問題点を挙げるに終始するのではなく、現実的に大学入試において何ができるのかについて建設的な議論を展開していかなければならないと考えている。本章では、「主体性評価についてどのように向き合うか」ということをテーマに検討したい。なお、大学入試において評価すべき主体性について、「自ら学びを深めようとする姿勢や行動に関するもの」と暫定的に定義する。

2. 書類審査による「主体性評価」に注目

　2017（平成29）年7月13日に発表された「平成33年度大学入学者選抜実施要項の見直しに係る予告（文部科学省2017）」では、大学入試に係る一般入試、AO入試、推薦入試といった入試区分の在り方について新たなルールが示され、名称の変更や実施時期などの見直しとともに、入試区分ごとの改善の方向性が示された。同予告では、「筆記試験に加え、『主体性を持って多様な人々と協働して学ぶ態度』をより積極的に評価するため、調査書や志願者本人が記載する資料等の積極的な活用を促す。各大学の入学者受入れの方針に基づき、調査書や志願者本人の記載する資料等をどのように活用するのかについて、各大学の募集要項等に明記することとする」ことを一般入試の改善点として挙げている。本章では、調査書や志願者本人の記載する資料等を対象とした「書類審査」を、大勢の受験者数が想定される一般入試における主体性評価の有効な手段としてとらえ、その評価の考え方と効率的かつ現実的な評価に向けた環境構築について考えていきたい。

　主体性評価は、一定の時間をかけ、受験者に関する多くの材料をもとに丁寧に判定することが必要であり、短時間で評価するのは難しい。例えば、面接試験や集団討論のように対面型で受験生の性格や特性を引き出すような評価方法である場合、選考期間に余裕があり、受験者数も限

定されるAO入試や推薦入試などで実施されることが一般的である。国立大学協会が、「国立大学の将来ビジョンに関するアクションプラン（国立大学協会 2015）」の工程表において、「推薦入試、AO入試、国際バカロレア入試等の拡大（入学定員の30％を目標）」としたのも、面接試験や集団討論のように、人が人を評価するような手法を一般入試において全面的に導入することが現実的に難しいと考えているからであろう。

　一般入試での主体性評価の実施が難しい理由は、主に以下の2点である。まず、評価期間が十分に確保できないという点である。「大学入学者選抜実施要項」では、各大学で実施する一般入試の実施時期は2月1日以降と定められ、国公立大学においては、国立大学協会、公立大学協会が定める実施要領に沿った日程で一般入試が行われる。また、私立大学においても入試戦略の観点などから多様な試験日程が設定され、2月から3月にかけて過密なスケジュールとなる。もう1点は、受験者数である。大学や学部の規模によって様々であるが、規模の大きいところでは、数百〜数千人の規模となる。この規模の受験者を対象に、個別学力検査に加え、面接試験や集団討論などを行うことは現実的に難しい。仮に、学力検査による一次選抜によって対象者を絞るにしても、過密な試験日程により実施は容易ではない。

　こうした評価期間および受験者数の課題を考慮すれば、書類審査を中心とした主体性評価が最も現実的な評価手法の一つであると言えるだろう。もちろん、書類審査は受験者本人と対峙して、直接的な情報を引き出すような丁寧な評価を行うことはできないため、精度の高い選考が期待できるわけではない。しかし、筆記試験以外の付加的な情報を少なくとも得ることはできる。それでは書類審査を実施する上で、どのように「主体性評価」へアプローチするかについて次節で考えてみたい。

3. 主体性評価へのアプローチ

3.1 受験生の何から主体性を読みとるか

評価者が「主体的である」と判断する場合、受験生の「何か」を材料に

第3章　主体性評価にどう向き合うか

評価しなければならない。この「何か」は大きく二つに分けられると考えられる。それぞれについて考え方のポイントおよび課題を整理する。

3.1.1　「行動結果（成果や実績）」に注目する評価

　まず、受験生の「成果や実績」から主体性を読みとろうとするものである。主体的な生徒は、積極的な行動により顕著な成果や実績といった目に見える結果に繋がりやすいはずであり、その成果や実績を評価すれば、間接的に主体性を評価できるという考え方である（以下、「行動結果評価」と略記）。この評価の最も大きな利点は、成果や実績という客観的かつ構造的な情報（○○大会優勝、△△コンクール金賞など）に基づき評価できることである。例えば、受験生が申請する成果や実績の優秀性あるいは希少性などについて明確に分類して評価できる枠組み（基準）を作ることができれば、機械的に自動評価することも可能となり、評価に要する時間や人的コストを大きく効率化することができる。この仕組みであれば、大量の受験者数を対象にしても対応できるだろう。

　しかし、解決すべき課題もある。ここでは2点挙げたい。一つ目は、評価の精度の問題である。数学オリンピック受賞やメジャースポーツ等での全国大会入賞といった顕著な実績、あるいは一定の難易度が社会的に認識されている実績や成果であれば、明確な評価基準を作ることは難しくない。しかし、こうした顕著な実績や成果を持つ受験生は一部に限られる。大多数の受験生は、日常的な高校生活の中で得られる実績や成果が大半であり、こうした多数派の受験生の実績や成果について明確な評価基準を作成することは困難である。もちろん、「志望する分野と関係するもの・しないもの」「実績・活動レベル（世界、全国、ブロック、都道府県、校内）」などを考慮した評価基準作成を目指すというアプローチも考えられるが、異なる分野における成果・実績を明確な基準をもって分類することは、おそらく不可能である。スポーツ分野に限ってみても、競技人口の多いサッカーでの全国大会入賞と、競技人口が少ないマイナースポーツでの世界大会入賞を単純に比較できないことからも明ら

かである。これにスポーツ分野以外にも様々な分野があることを考えると、評価に必要となる情報が無限となるため、すべての活動実績を対象とした評価基準の作成は現実的ではない。そうであれば、募集区分のアドミッション・ポリシーに沿って評価したい分野、あるいは特定の成果・実績というように評価対象を限定するという案が考えられるだろう。しかし、ターゲットを定めて入学者を選抜する AO 入試や推薦入試であれば妥当かもしれないが、すべての受験者を対象とした一般入試において、評価対象を限定することは、彼らの主体的な活動を固定化することになり、多様性を失うことになりかねない。それでは本末転倒であろう。

　二つ目の課題は、申請された成果・実績の信頼性の問題である。例えば、部活動や学校組織等のリーダーを務めたという実績を評価する場合、リーダー決定にいたるプロセスまでは見えない。本当に主体性を持ってリーダーを引き受けたのか、あるいは輪番制や抽選などによるものなのかを判断することができない。同様に、グループ活動による成果・実績も本人がどの程度関わったのかを当該情報だけで読み取ることは困難である。極端な場合、強豪チームに籍を置いただけというケースも考えられる。推薦入試や AO 入試では、面接試験等と組み合わせて、どのように関わったのかについて聞き出すことにより、その真偽を確認することも可能であるが、書類だけを材料とした審査では、こうした背景まで含めた丁寧な評価は難しいだろう。

3.1.2 「行動プロセス」に注目する評価

　次に、受験生の成果や実績といった「行動結果」に注目した評価に対して、学びや活動の行動プロセス（過程）に注目して評価する考え方である（以下、「行動プロセス評価」と略記）。先述したように、大勢の受験生が申請するであろう日常的な高校生活の中で得られる成果や実績を識別することは容易ではない。それであれば、成果や実績という結果の優劣を識別するよりも、その結果にいたるプロセスを重視して評価しようというものである。また、成果や実績といった結果には、運や条件による偶

然的に得られたものもあるため、結果の再現性や持続性を考慮するのであれば、そのプロセスを確認する方が合理的という考え方もある。さらに、結果を極端に重視する評価は、生徒たちを結果に固執した行動や姿勢に走らせてしまうことがあるとすれば、成果や実績という結果よりもプロセスを重視したほうが教育的であるともいえる。

　仮に、書類審査のみでプロセス評価を行うとすれば、成果や実績といった結果だけを評価するよりも豊富な情報が必要となる。現在、こうした情報を整理した形で確認あるいは評価できるツールとして期待されているのがポートフォリオであろう。高校生活における学びの記録、活動の成果物や振り返りなどは、「どのように学んだのか」、「課題や問題に直面したときに、どのように乗り越えたのか」などを把握するために有益な資料・情報になるとされる。

　一方で行動プロセス評価においても解決すべき課題がある。まず、行動のプロセスを評価するといっても、置かれている環境や文脈など個々人で異なるため、それらを一定の枠組みで評価するためのルーブリックなどを準備することが必要となる。当然のことながら、適切なルーブリックは一朝一夕に作れるものではなく、アドミッション・ポリシーで求める能力や資質等を踏まえて、具体的な観点や基準を設定しなければならない。また、「行動結果評価」と異なり、評価対象となる情報が構造的なものではなく、非構造的かつ定性的な情報で構成されているため、人の目による丁寧な読み取りが前提となる。AO入試や推薦入試のように受験者数が限定的な募集区分であれば、時間を掛けて、丁寧に評価することもできるだろうが、一般入試のような多数の受験者数となる募集区分において全員の申請内容を丁寧に読み取るのは、時間や人的労力など膨大なコストを要することに留意しなければならない。

3.2　どのように評価観点を設定するか

　主体性だけでなく、学習の意欲や動機、興味・関心といった受験生の特性について評価することは、「知識・技能」や「思考力・判断力・表現

力」といった能力をペーパーテストで評価することよりも難しい。その理由は、評価対象の捉えやすさの違いといえる。例えば、学力の3要素の評価は、「知識・技能」、「思考力・判断力・表現力」、「主体性等」の順に難しくなるだろう。「知識・技能」、「思考力・判断力・表現力」には、それらの能力を捉えるための一定の枠組みが評価者間で共有されているものの、主体性評価では、その枠組みが共有されているとは言い難い。木村・吉村（2010）が行ったAO入試の面接試験研究によれば、一般的な場面での意欲・努力・関心といった評価観点については評価者間（面接者間）の評価が一致しにくい一方で、専門的な能力や資質に関する評価観点では、評価が一致する傾向があるとされ、評価者間で共有しやすい枠組みがあるほど、評価の信頼性が高くなることが示されている。つまり、人が人を評価する中で主観的な判断を伴いやすい評価対象は、評価のルールを明確にしておくことが不可欠となる。こうしたことから、面接試験では、評価の信頼性や妥当性を高めるための手法として、「構造化面接」（例えば、今城2005）が知られている。

　様々な構造化の在り方が考えられるが、ここでは評価基準を作成するための作業イメージを示したい。まず、評価すべき主体性を「自ら学びを深めようとする姿勢や行動」と定義した場合、「自ら学びを深めようとする姿勢とは、どのような姿勢のことか」、「自ら学びを深めようとする行動とは、どのような行動のことか」など、主体性を持っている生徒であれば、具体的にどのような行動や様子がみられるかについて、アドミッション・ポリシーを意識しながら議論することから始まる。そして、これらの検討結果を評価基準に反映させることが一般的な手順といえるだろう。図2は、5段階で評価する場合の評価基準のイメージである。

第3章 主体性評価にどう向き合うか

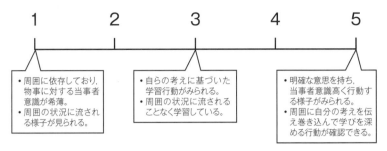

図2 主体性評価の構造化（イメージ）

　このように評価したいと考える主体性を明確化し、その程度を比較するための基準を定めることができるように構造化をすることで、評価者間で共有されるべき枠組みが成立する。こうした構造化による評価は、「ルーブリック評価」として活用されることが多く、評価の妥当性や信頼性を向上させるために有効な方法とされる。

　主体性を多角的に捉えるために、「行動力」「学びを深める姿勢」「実績」といった複数の評価観点を設定し、分析的に主体性を評価（以下、「分析的評価」と略記）するような構造化は、それだけ評価者が共有できる情報が増えるため、評価者間の一致率などが高まり、評価のブレを抑えることになるだろう。しかしながら、観点別の丁寧な評価は、多くの時間を要するだけでなく、観点別の得点の総和が全体の印象と必ずしも一致しないということもあり得る。さらに、極端な評価の構造化は、質問紙で回答を求めることと同じになり、人が評価する意味が薄れてしまうことになりかねない。

　それではどのような主体性評価が大学入試では現実的なのであろうか。高校時代の活動実績を中心に評価する場合を考えてみたい。「行動結果」、「行動プロセス」のどちらに注目するにせよ、「誰もが優秀であると判断するもの」、反対に「誰もが評価に値しないと判断するもの」といった、上位と下位に位置づけられる評価は識別力が高い（表1のAとC）。一方、受験生の大半が申請する活動実績は日常的な高校生活の範囲内で得られる一般的なものであるため、明確な根拠や理由をもって細かく得点化し

て識別することは困難である（表1のB）。少し評価に差をつけるとしても、標準的なものより「ややプラス評価」「ややマイナス評価」といった段階を加える程度になるため（表2のBとD）、3段階評価から5段階評価程度で判断するのが現実的だと考えられる。

表1 「3段階評価」の場合

A	多くの人が高く評価する内容
B	標準的な内容
C	多くの人が低く評価する内容

表2 「5段階評価」の場合

A	多くの人が高く評価する内容
B	標準よりややプラス評価
C	標準的な内容
D	標準よりややマイナス評価
E	多くの人が低く評価する内容

このように評価の識別が難しい中間層が多数派を占める中で、「行動力」「学びを深める姿勢」「実績」などの複数の評価観点を定め、場合によっては観点ごとに評価の重み付けをした上で、観点ごとの採点結果を総和する分析的な評価を行うことを考えてみたい。もちろん、識別力が高くなり、妥当な評価が得られれば問題はないが、観点別の総和が全体的な印象と一致しないような状況、あるいは全体的に評価した結果と変わらない状況であれば、細かく観点を設定せずに、一つの観点で評価する「総合的評価」の方が効率的である。「総合的評価」の評価基準をどのように設定するかは、各募集区分のアドミッション・ポリシーにもよるが、「ぜひ入学させたい」「入学させても良い」「どちらでも良い」「入学させるべきではない」といった軸から評価基準に落とし込むことが一つの考え方ではないだろうか。評価としては、やや大雑把になるが、学力検査等の他の選考資料との合計点で合否判定をするということであれば、現実的なアプローチだと考える。

3.3　目的に合わせた主体性評価のアプローチ

成果や実績に注目する「行動結果評価」、成果や実績という結果よりも

第3章　主体性評価にどう向き合うか

そのプロセスを重視しようという「行動プロセス評価」、複数の観点で構造化して評価する「分析的評価」、緩い構造化により一つの観点で評価する「総合的評価」について触れた。

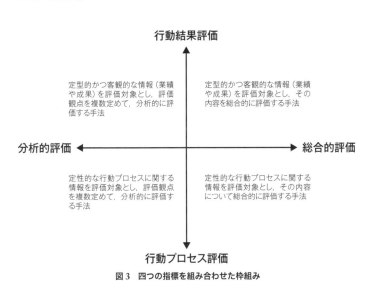

図3　四つの指標を組み合わせた枠組み

　図3は、これらの指標を組み合わせたものである。評価コストという点でみれば、第1象限が最も低コストであり、第3象限が最も高いと解釈できる。そのため、評価時間を十分にとれない入試や受験者数の多い入試では、丁寧な評価とはいえ第3象限の枠組みは不向きといえるだろう。一方、第2象限は、行動結果を多様な観点で識別したいのであれば適しているといえるし、ほぼ同じような行動結果ばかりが申請されるのであれば、第4象限である行動プロセスを総合的に評価する方が適切な評価ができるかもしれない。つまり、すべての入試において通用する優れた評価の方法があるわけではなく、各募集区分の目的や他の選考資料及び評価方法との組み合わせ、バランス等を考慮して、適切な評価枠組みを採用することが重要である。

4. 一般入試での評価実現に向けて

4.1 主体性評価による合否への影響力：合算判定の場合を考える

現在の大学入試改革において主体性評価に対する関係者の関心は高い。その理由の一つは、主体性評価が合否を決定づけるかもしれないという印象だろう。特に、教科・科目型の試験で合否が決定するのが常識であった一般入試において、主体性評価が導入されるインパクトは、決して小さくない。しかし、本当に主体性評価が合否を決定づけるのであろうか。ここでは、教科・科目型の学力検査（配点は5教科5科目で500点満点）に、主体性を評価するための書類審査（配点は100点満点）を課した600点満点の合計点で合格者を決定するケースを考えてみたい。

一般的に、合計点での合否判定（以下、「合算判定」と略記）の場合、総得点順位に目が行きがちになり、各科目の得点や書類審査の得点が、合否にどのように影響するかを意識することは多くない。しかし、「合否入替り率（Kikuchi & Mayekawa 1995 ; Kikuchi 1996)」という入試研究の分野ではよく知られている指標からみれば、その影響力を意識することができる。例えば、センター試験のみで選抜するときに比べ、個別試験を課すことで、どの程度の合格者が入れ替わるかなどを示す指標であり、いわば当該選抜に対する個別試験の寄与を意味するものである。これは教科・科目単位や評価方法（面接試験や小論文など）ごとに算出することが可能であるため、上記の例では、学力検査（500点満点）に書類審査（100点満点）を加えることによる書類審査の合否への影響力を示す指標になる。

図4は、主体性評価（書類審査）を課すことで合否に影響を及ぼすと考えられる受験者層のイメージである。600点満点のうち500点が学力検査で、書類審査が100点という配点では、合格ボーダー付近が主体性評価の影響を受ける層となる。当然のことながら、ボーダー層よりも上位にある受験者層では、主体性評価が0点でも合格、逆に下位にある受験者層では、主体性評価が満点でも不合格となる。このように考えれば、主体性評価が合否に影響をもたらす受験者の範囲はボーダー層に限られるため、試験全体からみれば、その影響力は限定的といえる。

第 3 章　主体性評価にどう向き合うか

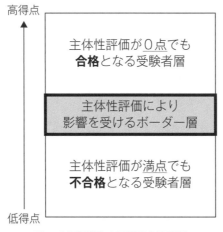

図4　主体性評価による影響をうける部分

　さて、配点は、当該評価をどれくらい重視するかという受験生に対するメッセージにもなっている。上記の例でも配点を増やせば、主体性評価の影響を受けるボーダー層は広がるだろう。ただし、配点の大きさだけが影響をもたらすというわけではない。特に重要なのは、どの程度の得点差をつけて採点するかである。例えば、上記の例において、学力検査を300点、書類審査を300点として主体性評価の配点割合を大きくしても、書類審査において大半の受験生が200点前後で評価され、書類審査による採点結果の得点差が小さければ、配点を大きくしても合否への影響力は小さくなる。つまり、「どの程度の差をつけて採点するか」が、実質的な合否への影響力となる。先述したように、受験生により申請される活動実績のほとんどが、明確な根拠をもって得点差をつけにくい現状を踏まえれば、こうした点まで含めて、実質的な主体性評価がもたらす影響力と考える必要があるだろう。

　もちろん、合否判定の仕組みを変えれば、主体性評価の影響力を高めることは可能である。例えば、学力検査を「資格試験的（大学審議会2000）」に用いて、一定の学力水準以上（基準点以上）の受験者を対象に主体性評価を行い、合格者を決定するケースなどである。この場合、学

力検査の得点は主体性評価の得点とは合算せずに合否判定を行うため、合算判定よりも主体性評価の影響力は格段に大きくなる。しかしながら、「基準となる適切な学力水準を設定するのは簡単ではない」「競争倍率が低い場合は、基準点が機能しない」「主体性評価の公平性と納得性の確保がより重要になる」など、合算判定に比べて、慎重に検討すべき課題が多くある。

4.2 ボーダー層を対象とした評価

教科型の学力検査において一定の競争倍率がある場合、合否のボーダーライン付近の数点差に受験者が集まることが多い。競争倍率が高ければ高いほど、合格ボーダーライン付近の得点分布は密になる。一般的な学力検査では、得点順に1点刻み（小数点刻みの場合もある）で合否判定を行うことになるが、この数点差に能力の明確な順序性があるわけではない。そうであれば、ボーダーライン付近の受験者層に対して学力検査以外の要素を評価するという方式が考えられる。受験者にとっては、高校時代に頑張った活動や実績を活かせるチャンスになり、大学にとっては、より望ましい人材の獲得となりうる。

ボーダーライン付近の受験者の抽出については、書類審査を課すことで合否が入れ替わる可能性のある受験者を対象とすることが適当だと考える。先述したように、合算判定で主体性評価を行った場合、同評価により影響を受ける受験者は、ボーダー層に限定されることから考えても合理的であろう。例えば、学力検査［900点満点］、主体性評価のための書類審査［100点満点］という配点の場合、まず学力検査の900点満点で判定処理を行い、合格ラインを暫定的に決める。次に、この得点分布において、書類審査の採点を加点することによって、合否が入れ替わる可能性がある受験者のみを抽出するという考え方である。したがって、学力検査の得点に、書類審査の採点結果を加点しても最終的な合否に影響しない受験者層は、書類審査の対象から外すことになる。

こうした仕組みの場合、書類審査の採点をしない受験者が生じること

について合理的な説明が必要となるが、ここでは「段階選考」の枠組みを提案したい。上の例でいえば、まず1次選考として、学力検査の得点で合格ラインを上回る受験者と、合格ラインは下回るが、書類審査の得点次第では合格可能性がある受験者までを「1次選考合格者」とする。2次選考では、書類審査の得点が0点であっても、「合格」という結果が変わらない層を「2次選考免除対象者」として扱い、それ以外の受験者を書類審査の対象者とする。そして、「学力検査」「書類審査」の合計点の高い者から「2次選考合格者」を決定する。これにより、「2次選考免除対象者」と「2次選考合格者」が最終合格者となる。もちろん、書類審査の配点や当該入試の競争倍率などによって、評価対象となる受験者数は変化するが、これらの手続きを用いることで、規模の大きい受験者集団であっても、対象となる受験者数を絞ることが可能となり、適切な規模で書類審査が実施できる。

　ところで、合格ボーダー層の受験者を抽出して実施する書類審査は、結果的に主体性等の評価を全員に実施することにはならない。しかし、仮に高校時代の活動や実績等が書類審査として評価される可能性があるのならば、多くの受験者は、合格可能性を少しでも高めようと、様々な活動や学習に対して意識的に取り組むよう動機づけられるはずである。高大接続改革の本質が、「学力の三要素の多面的・総合的評価」そのものではなく、大学入試における評価の在り方を梃子とした高等学校教育の在り方の転換であるとするならば、上記で示した評価の在り方は改革の主旨にも合致したものといえる。

4.3　出願要件＋トップ&ボトム評価

　ボーダー層評価は、一般入試における現実的な評価方法だといえるが、ボーダー層だけでも数百人規模を超える大学も少なくない。この場合、主体性評価に必要な情報（例えば、高校時代の主体的な活動や経験）の提出を出願要件とし、特に優秀な活動や実績を申請した一部の受験者のみを評価して加点する方法が考えられる（行動結果評価）。「優秀な成

果を得るためには、そこにいたるプロセスも主体的であるはず」と考える人は少なくない。そのため、誰もが認める特に優秀な活動や実績のみを評価（加点）対象とすれば、評価結果に対する疑問や不信感を緩和できる。もちろん、自大学の受験者層からみて加点対象とする活動実績として何が相応しいのかは十分に検討する必要がある。

　一方、高校生活における主体的な活動や経験の申請を出願要件にすることで、高校時代には、何かしら主体的に活動することを意識しなければならず、主体的な行動や姿勢に対して適度な動機付けをもたらすことが期待される。もちろん、出願要件である以上、必要な項目が記載されていなかったり、期待する水準に達していない場合などは、減点や「資格なし」といった対応を視野に入れる必要があるだろう。

　この方法は、加点対象となる活動実績および出願要件の最低水準を明確に設定しやすく、システムによる自動判別も可能であるため、どんなに大きな受験者集団であっても対応できる仕組みである。また、受験者集団全体でみれば、一部の受験者のみが対象となるため、大半の受験者に大きな影響を与えることはない。ただし、現実的な方法ではあるものの、書類提出を求めているにも関わらず、数多くの受験者が申請した情報に全く触れないというのも事実である。こうした制度が受験当事者にどの程度受け入れられるかは別途検討が必要であるだろう。

4.4　評価支援システムの構築：書類審査の電子化がもたらすもの

　近年、インターネット出願が普及し、多くの大学が出願に関する種々の情報を電子化する動きがみられる。受験者にとっては、手書きの願書が不要、24時間の出願手続きなどがメリットになり、大学にとっては、印刷コストの削減や諸々の事務的な負担の軽減などがメリットとなる。このように事務的な手続きの効率化に注目が集まりがちなインターネット出願であるが、出願情報が電子化されることは、選考や評価の場面、特に、書類審査において大きなメリットとなる。従来の紙ベースの書類審査では、提出された申請書類は、複数の書類から構成されている

場合が多く、種類によっては、受験者1人につき十枚を超す資料となることも少なくない。これらの資料を間違いなく確実に整理して、採点することが求められる。また、複数の評価者で評価する場合、人数分だけ出願書類をコピーする必要があるとしたら、さらに複雑さとコストが増すことになる。こうした紙ベースの書類であることによって生じる煩雑な評価作業が、電子化されることによって効率的な評価作業を実現できる可能性を持つ。

　出願情報の電子化によってもたらされる書類審査のメリットとして以下の4点が考えられる。なお、ここで挙げるメリットは、一般入試に限定しない様々な募集区分での利用ということを想定している。

　1点目は、受験者が入力した情報をシステム的に制御し、評価担当者（採点者）に確実に割り振ることが可能となり、各書類への受験番号の印字や関連資料の整理といった事前の事務作業が不要となる。これにより、評価期間の短縮が図られるだろう。

　2点目は、評価者（採点者）の評価作業負担の低減である。具体的には、評価対象となる書類の効率的かつ効果的な画面表示、採点結果や入力済みのコメント等の抽出、並び替えといったシステム的な制御が可能となり、採点作業が効率化される。加えて、ルーブリックに基づく評価を行いたい場合、受験者が申請した情報とルーブリックを同一の画面上に表示することで、常に、評価観点や評価基準を意識した採点が可能となる。また、各評価者の評価活動をマネジメントする評価責任者の立場においては、各評価者の採点状況をリアルタイムで把握しやすくなり、評価作業全体の効率化に寄与することが考えられる。

　3点目は、受験者がアピールできる素材の広がりである。従来の書類審査であれば、紙ベースの資料を提出する必要があるため、枚数制限や紙幅の関係で詳細な情報を大学へアピールすることは難しかった。しかし、申請情報が電子化されるということは、データの種類としてドキュメントだけでなく、写真、動画、音声などのメディア、e-ポートフォリオなどに蓄積した情報などを申請する材料として活用することができる。

受験者を評価する大学にとっても、従来以上の情報を得られることになり、豊富な情報をもとに丁寧な評価をしたいと考える募集単位にとっては有効な仕組みとなりうる。面接試験など他の評価方法と連動すれば、より掘り下げた質問や確認が可能となるだろう。

　4点目は、検証作業の効率化である。採点結果が電子的に管理できるということは、評価の信頼性などの検証もシステム的に処理することが可能ということである。例えば、複数名の評価者で評価したときの信頼性を検証したい場合、一般化可能性理論（椎名・平井 2011；木村 2011）などによる検証機能を装備しておくことで、自動的な検証が可能となるため、入試期間中でも信頼性に問題があると判断されれば、評価者の組み合わせなどを見直すこともできる。また、面接試験など他の評価手法とも書類審査が連動するようになれば、それらの評価結果との相関関係なども随時検証が可能になるだろう。

5. 入試制度設計にどのように主体性評価を位置づけるか

5.1 遡及効果を意識した入試制度設計

　どのように主体性を評価するかという大学側の視点も重要であるが、多くの大学で主体性評価の導入が進むことによって、高校教育あるいは進路指導現場にどのような影響をもたらすかも意識しなければならない。大学入試の在り方が高等学校以下の教育に大きな影響力を与えることは、「遡及効果」（荒井 2005；倉元 2005；西郡 2012 など）と呼ばれ、高大接続改革でも「大学入試における評価の在り方を梃子とした高等学校教育の在り方の転換」（中央教育審議会 2014）として、遡及効果が期待されている。仮に、多くの大学が主体的な活動実績を対象とした主体性評価を導入した場合、高校生活において生徒たちが主体的に取り組む機会や経験が増えることで様々な活動が活性化し、各々が主体的に取り組んだ結果や成果（プロセスも含む）を大学入試において素直にアピールするという流れが健全な動機づけであり、理想的な遡及効果といえるだろう。

　しかしながら、高校の指導現場に、主体性評価が合否結果を左右する

と意識されるほど、理想的な遡及効果から遠くなる可能性がある。その具体的な場面として、「どのような活動や実績が大学入試で有利なのか」、「特に興味はないけど、大学入試に有利な活動や資格であれば優先して取り組もう」など、自然な流れで生じる主体的な取り組みとは異なる方向で動機づけされることが考えられる。また、生徒を指導する立場である高校や個々の教員においても、「この活動実績が有利だから、生徒全員に取り組ませよう」「そのような活動は大学入試では評価されないから、他の活動を頑張ってみなさい」など、大学入試において有利に評価されることを目的とした指導が行われることも考えられる。このように本来期待されている主体的な取り組みの喚起とは異なる方向で動機づけられることは、高校における健全な学習活動や他の活動を阻害するものである。大学は主体性評価を「適切な動機づけ」として入試制度設計に組み込むことが肝要であり、主体性評価の入試における位置づけを明確にしておかなければならない。

5.2 調査書評価の課題

「筆記試験に加え、『主体性を持って多様な人々と協働して学ぶ態度』をより積極的に評価するため、調査書や志願者本人が記載する資料等の積極的な活用を促す(文部科学省 2017)」とあり、調査書利用が推進されているが、調査書利用については、検討すべきいくつかの課題がある。

まず、調査書作成に関わる高校教員の負担の増大である。現在の一般入試でも、調査書の提出を求めるものの、主体性等を評価するための直接的な材料とするケースは稀である。しかし、調査書が主体性評価の直接的な材料として活用されるのならば(例えば、配点化して評価など)、高校教員が今以上に調査書作成に費やす労力が増すことは想像に難くない。さらに、調査書様式の見直しにより、「指導上参考となる諸事項」の「① 各教科・科目及び総合的な学習の時間の学習における特徴等、② 行動の特徴、特技等、③ 部活動、ボランティア活動、留学・海外経験等、④ 取得資格・検定等、⑤ 表彰・顕彰等の記録、⑥ その他」といった記述

欄が拡充され枚数制限の緩和とともに、弾力的な調査書作成が可能となる。各高校は、生徒たちに関する様々な情報（活動実績、生活記録、性格的な特性など）を蓄積して、それらを確実に調査書に反映することが求められる。そうなれば、調査書作成の力量（記述内容や情報量等）が従来以上に拡大することは不可避であろう。

　次に、「納得性」に関する問題も考慮しなければならない。例えば、調査書以外の学力検査の得点が他の受験生と同程度だったにも関わらず、調査書の内容が評価されずに不合格となった場合、当事者は、どのように考えるだろうか。志願者本人が記載する資料であれば、自分がアピールしたいことを申請できるが、本人以外が作成する調査書では、それができない。西郡(2009)は、大学入試の面接試験において、十分に発言の機会があり自己アピールが出来たと感じた受験者は、当該試験に対する達成感や肯定感が高まることを報告した。この知見を踏まえれば、自らが作成することができない調査書では、自己アピールの機会が得られない状況と同じとなり、不合格という結果に対する納得性の面で理解が得られにくく不満が生じやすくなる。特に、入試終了後の成績開示によって、「調査書によって不合格になった」と受験生が認識すれば、深刻な問題へと発展しかねない。調査書を作成する高校側も、調査書を評価する大学側も慎重な取り扱いが求められるだろう。

5.3　調査書の補助的な活用

　上記の課題以外にも調査書評価に対する様々な疑問や不安がみられる（河合塾 2018）。各大学は、こうした課題点を踏まえながら、調査書評価について検討しなければならない。その際に最も重要なことは、評価の位置づけであろう。一定の配点を設けて点数差をつけて合否への影響力を持たせたいのか。あるいは他の評価方法（例えば、学力検査等）を軸とした補助的な資料として活用するのかなどである。

　今後の調査書様式の見直しや電子化の議論にもよるが、現時点においては、補助的な資料として扱うのが現実的であろうと筆者は考える。た

だし、どのように補助的に扱うのかを明確に定めなければ、従来の一般入試における参考評価と変わらなくなる。この点に関して、筆者は志願者本人の記載する資料(例えば、活動実績報告書や志願理由書など)の補助的資料として活用することが有効ではないかと考える。志願者本人に記載させることにより、彼らは自分の意思で内容を作成することができる(自己アピールの場の担保)。大学は志願者本人の申請内容について直接評価することになるが、志願者本人以外(所属高校)の捉え方や他の情報を参考にしたい時などに調査書の情報を参考にする。これにより、調査書評価の位置づけは間接評価となり、上述した高校教員の負担増大の問題や、不合格に対する受験者の納得性の問題について、一定の配慮ができるのではないだろうか。

6. まとめ

主体性は重要だと誰もが認識しつつも、その評価は簡単ではないことは冒頭で触れた。本章では、そうした課題を認識しつつも主体性評価を建設的に議論するための枠組みを示した。こうした枠組みを踏まえながら、筆者が所属する大学では、2019 (平成31) 年度一般入試において書類審査を中心とした主体性評価を実施する予定である。詳細は、西郡・園田・児玉 (2018) をご覧いただきたい。本稿執筆時点では本試験実施前であるため、その実践結果がどのようになるかはわからないが、先行事例の一つとなるように取り組みたいと考えている。

ところで、主体性評価とは違う視点であるが、重要な前提として志願者集団形成の重要性について確認しておきたい。まず、ある募集区分の志願者全員が主体性を持った受験者であれば、主体性評価の方法は何でも良いということになる。学力検査でも抽選でも、どんな手法を用いても欲しい人材が獲得できるからである。逆に、志願者全員が主体性を持っていない場合でも同様に評価の方法は問われない。どの方法を採用しても欲しい人材が得られないからである。つまり、求める主体性を持った受験者と持っていない受験者が志願者集団に混在するときにはじ

めて、主体性評価の精度が重要となるのである。こうした前提を認識しておかなければ主体性評価の議論は意味がない。入試制度設計に関する諸原則（倉元 2017）を踏まえた上で、具体的な議論を進める必要がある。

　最後に、「主体性を持って多様な人々と協働して学ぶ態度」の中にある「多様性」について考えてみたい。同質的な集団で学ぶよりも、様々な背景や個性を持つ多様な学生で構成された集団形成を望む大学は多い。その理由は、互いの既有知識や経験、価値観、アイディアなどを共有し、刺激し合いながら学びあうことが学生自身の豊かな学習となり、ひいては大学の活気に繋がることが、「多様性」がもたらす効果として考えられているからである。ところが、主体性評価において厳密な公平性を追求すれば、評価観点や評価基準の構造化が進み、結果として同じような主体性を持った集団が入学してくる可能性が高い。これは、学力検査で選抜すると、同等の学力水準を持った学生を選抜できることと同じ構造である。学力水準は、ばらつきが少ないほうが効率的な教育活動ができるが、主体性の同質化は、上述した多様性のメリットが損なわれることも考えられる。では、どのように多様性ということを意識しながら主体性評価を考えるべきなのか。筆者は次のように考える。

　高大接続改革は、入試改革だけでなく高校教育および大学教育の改革でもある。高校教育改革において、各高校が特色を出すために改革を進め、それぞれの教育方針に基づいた教育カリキュラムや教育活動が実施されることで、多様な学習や活動を経験した生徒の輩出が期待される。そうであれば、彼らの主体性も一義的なものではなく、様々な主体性が養われることが考えられる。そのため、高校は大学入試の主体性評価を意識した教育活動に向かうのではなく、むしろ各高校の教育目標に沿った主体性の涵養を目指すべきであり、大学は各高校が目指す教育目標の多様性を認識しながら、それぞれの教育活動で培われた多様な主体性を評価する技術を磨くべきである。しかしながら、客観性や公平性を過度に意識した一元的な評価観点や基準では、主体性の多様さは評価できない。したがって、多元的な評価観点や基準に基づく主体性評価を受験当

事者が受け入れることが、上述したことを実現するための前提となるだろう。

　高大接続改革の狙いの一つは、大学入試に主体性評価を本格的に導入することで、高校生の主体的活動や取り組みを喚起することである。均一的な主体性評価が進むことで、高校生活における生徒たちの活動が不健全に歪められることは避けなければならない。そのためには、高大接続答申（中央教育審議会 2014）でも示されたように、既存の公平性に関する意識の変革が求められる。しかし、これまでの入試制度に対する社会的な信頼は厚く、既存の公平性に対する意識の変革は決して簡単なものではない。大学入試制度は、どんなに理想的な制度であっても社会的に受容されなければ、その制度は存在意義を失ってしまうのである。

　「主体性は大事だが、主体性評価は難しい」というジレンマは、これまでの枠組みを前提に考えるからであろう。従来の枠組みにとらわれないための最初の一歩は、絶対的な公平性を追求する一元的な主体性評価ではなく、「主体性の多様さ」をとらえるために必要な多元的な尺度での評価が社会的に受容されることではないだろうか。そのためには、各大学がアドミッション・ポリシーの中で主体性評価の位置づけを明確にするとともに、評価の妥当性を示すことが欠かせない。「大学入試における主体性評価の意味とは何なのか」を関係者が自問しながら、高大接続改革の本来の理念を実現するための議論が展開されることを期待したい。

【謝辞】

　本研究はJSPS科研費（基盤研究［A］JP16H02051）の助成に基づく研究成果の一部である。

【文献】

　荒井克弘（2005）「入学者選抜から教育接続へ」、荒井克弘・橋本昭彦編『高校と大学の接続－入試選抜から教育接続へ－』玉川大学出版部、pp.19-55.

中央教育審議会（2014）「新しい時代にふさわしい高大接続の実現に向けた高等学校教育，大学教育，入学者選抜者の一体改革について～すべての若者が夢や目標を芽吹かせ，未来に花咲かせるために～」（答申）．

大学審議会（2000）「大学入試の改善について」（答申）．

今城志保（2005）「採用面接評価の実証的研究：応募者，面接者，組織が面接評価に及ぼす影響の多水準分析」，『産業・組織心理学研究』vol.19, No.1, pp.3-16.

河合塾（2018）『Guideline 7・8月号』p6.

Kikuchi,K.（1996）Analytic Approximation to the standard error of swap-rate, *Behaviormetrika*, Vol.23, No.2, pp.187-203.

Kikuchi,K., & Mayekawa,S.（1995）On the sampling distribution of swap-rate, *Behaviormetrika*, Vol.22, No.2, pp.185-204.

木村拓也（2011）「一般化可能性理論による面接データ解析を行うことが可能な面接官の配置について」，『大学入試研究ジャーナル』，No21, pp.23-30.

木村拓也・吉村宰（2010）「AO入試における信頼性評価の研究－一般化可能性理論を用いた検討－」，『大学入試研究ジャーナル』No20, pp.81-89.

国立大学協会（2015）「国立大学の将来ビジョンに関するアクションプラン」（工程表）．

倉元直樹（2005）「大学入試と高校教育──議論の前提を問い直す──」，上野健爾・岡部恒治編『こんな入試になぜできない　大学入試の「数学」の虚像と実像』日本評論社, pp.141-161.

倉元直樹（2017）「個別大学の入試設計から見た高大接続改革の展望」，東北大学高度教養教育・学生支援機構編『個別大学の入試改革』東北大学出版会, pp. 43-86.

文部科学省（2017）「平成33年度大学入学者選抜実施要項の見直しに係る予告」．

西郡大（2009）「面接試験の印象を形成する受験者の心理的メカニズム──大学入試における適切な面接試験を設計するために──」，『日本テスト学会誌』, No.5, pp.81-93.

西郡大（2012）「大学入試制度がもたらす遡及効果－受験生の主観的成長感から何が見えるか－」，『クオリティ・エデュケーション』, No4, pp. 93-110.

西郡大・園田泰正・兒玉浩明（2018）「一般入試における『主体性等』評価に向けた評価支援システムの開発」，平成 30 年度全国大学入学者選抜研究連絡協議会大会（第 13 回）研究発表予稿集，pp1-8.

椎名久美子・平井洋子（2011）「主観的評価による合否決定の事例集作成に向けた試み」，『大学入試研究ジャーナル』，No21, pp. 15-22.

第4章　大学入学者選抜における評価尺度の多元化と選抜資料としての調査書

倉元　直樹（東北大学）

1. はじめに

　本書では、各章で様々な角度から「主体性」及び「主体性評価」に関わる問題について論じられている。第Ⅰ部第1章における「筆記試験の得点にも『主体性』を含めた『学力の三要素』がそれぞれ一定程度反映される（宮本2019：24）」という考え方には、心理学の理論と実証研究に裏付けられた合理性がある。一方、長年の間、政策的に「学力試験によっては測ることができない能力や態度（国立大学協会2017）」といった表現で、主体性を含む様々な能力の評価手法としての学力検査以外の選抜資料の活用可能性に期待が寄せられ、大学入学者選抜への利用が模索され続けてきたことも事実である。いわゆる「評価尺度の多元化」政策である。したがって、本書で議論されている「主体性の評価」にかかわる諸問題も、評価尺度の多元化の流れという文脈に位置づけて議論を展開することが可能と思われる。

　そこで、本章では視点を変えて、選抜の方法論、選抜資料の観点から大学入学者選抜について議論することを試みる。とりわけ大学入学者選抜への活用が期待され続けてきた調査書について焦点を当てる。

　最初に、学力検査以外の選抜資料として、調査書を除くその他の選抜方法について触れる。その後、調査書について議論を展開する。最初の観点は、調査書にはどのような能力の評価が期待されてきたかという点にまつわるものである。二つ目の観点は、調査書の活用が中々広まらない理由を探るものである。すなわち、大学入学者選抜における評価指標としての調査書は評価を受ける側の高校からどう見られてきたのか、実際に大学入学者選抜に調査書の活用が進んだ場合、果たして、どのよう

な問題が生じる可能性があるのだろうか。過去に行われた研究を基にして探っていくことにする。

2. 調査書以外の選抜資料

2.1 ポートフォリオ評価とパフォーマンス評価

わが国の大学入試を巡る議論において、学力検査への批判は明治時代から今まで止むことなしに続いてきたものである。一方、学力検査に代替、ないしは、学力検査を補完する資料として大学入学者選抜への利用に強く期待がかけられる具体的な選抜資料のラインナップには、時代による流行り廃りがあるように思われる。

現在の流行は、日常に近いより直接的な測定方法の追求ということになるだろう。テストにおける真正性（authenticity）の追求と言い換えてもよいかもしれない。伝統的な筆記試験の弱点は、試験問題として課される課題が日常生活や学習場面とは切り離されて構造化されたものであるため、得点や成績として表される評価結果に実際に測定したい能力とは異なる「テストを解くこと」に特化した技術、いわゆるテストスキルの巧拙が混入することにある。たしかに筆記試験の場合、原理的にそれを完全に排除することは不可能である。筆記試験を解くための技術が測定したい能力と全く違ったものとして存在し、その技術を習得するための学習活動が培うべき能力の育成とかけ離れていると考えれば、テストの波及効果（washback effect）の観点からその状況は深刻な問題と受け止められる。テストに向けた準備行動、すなわち、受験勉強が本来育成したい能力の育成に必要な学習活動とは全く異なる活動であり、有害な行動とみなされるからだ。まさにこの観点から「悪しき受験勉強」の抑制を一つの大きな柱に、我が国の大学入学者選抜に対する伝統的な政策が立案されてきた。もしも、筆記試験よりも直接的に測定目的となる能力を評価する代替手段が存在するならば、その方法を用いた評価を行うことによって結果として現れる成績がより妥当なものになるだろう、という予測が導かれることになる。

第4章　大学入学者選抜における評価尺度の多元化と選抜資料としての調査書

　その一つの現れがポートフォリオ評価に対する期待につながっていると思われる。ポートフォリオ、すなわち、学習や活動の履歴・記録を大学入学者選抜に用いようという発想は20年以上前から存在していた。例えば、1990年代に行われたアメリカ合衆国オレゴン州におけるオレゴン州立大学機構のPASSプロジェクトは、真正性の高い評価資料による大学入学者選抜の中で、生徒の作品集としてのポートフォリオを評価に用いる構想が示されている（Conley 1995=1995）。ポートフォリオ評価が今日まで広まらなかった理由の一つに、ポートフォリオ評価の構造的弱点の存在があると思われる。それは、膨大な活動記録をどのように収集して整理し、保管して、その中から選抜資料をどのように効率的に抽出するか、という点にあった。ところが、この問題は昨今のデジタルテクノロジーの急速な発達により、克服されつつある。それが、今日、ポートフォリオ評価に期待が高まる大きな背景要因であると言えよう。

　しかし、ポートフォリオが大学入学者選抜の場面で有効に活用されるためには、さらに克服すべき大きな課題が残されている。まず、ポートフォリオの作成に必要とされる手間暇、いわば「機会費用」の問題である。行動記録に関わる情報の入力には、膨大な手間がかかる。生徒や教員にそのための労力と時間、さらには費用を割かせるくらいならば、実質的な教育学習活動自体にそれを当てる方がよほど教育的な効果が期待できるのではないか、という意見には説得力がある。また、ポートフォリオにどのような情報をどのように分類、蓄積し、整理して保管しておくか、ということも大きな課題である。大学入学者選抜に利用される資料であることを考慮すると、記録されるべき内容を全て網羅する行動目録が存在し、全ての受験生のあらゆる行動が、あらかじめ定められた共通のコードやフォーマットの下で整理され、管理されていることが望ましい。さらに、選抜の場面ではどのような情報を抽出して、どのような指標を用いて評価するかが課題となる。その上、紙ベースの時代にはありえなかった問題だろうが、高度に集約された濃密な個人情報であるデジタルポートフォリオを誰が保有し、管理するのか、それを誰が誰に提

供する権限を持つか、本人の管理下を離れた情報が適切に管理され、目的外に利用されていないことをどのようにして確認できるかなど、今後、新たな問題が生じてくるように思われる。もちろん、本書の様々な章で言及されている、ポートフォリオを選抜に用いることによる悪しき波及効果も見逃せない。

　もう一つの流行は実技、すなわち、パフォーマンス評価への期待であろう。「実技」というと、運動やスポーツ競技、ないしは音楽や美術のような特別な領域が思い浮かぶが、パフォーマンス評価と言い換えても問題の構造自体は全く同じことである。

　現在、パフォーマンス評価に関わる喫緊の課題としては英語4技能の評価にまつわる問題がある。とりあえず、高大接続改革の理念にしたがって四つの技能を切り分けてそれぞれ別々に評価する状況を考える。4技能のうちの「読む力」「書く力」の評価は伝統的な筆記試験の手法で評価できる。また、これまでも筆記試験を用いて評価されてきた。「聞く力」は、筆記試験の中で発音問題や強勢問題として出題されてきた。リスニングテストという形式で音声による出題を行う場合は、テスト問題として与えられる課題はより日常場面に近づく。その側面では試験問題が紙の上で表現される従来型の筆記試験よりは真正性が高いと考えられるが、解答形式は筆記試験のスタイルである。書かれた回答を評価する水準に関しては、従来の筆記試験と技術的に異なることはない。

　それに対し、「話す力」の評価は解答形式も含めて従来型の筆記試験の範疇に収めることができない。したがって、必然的にパフォーマンス評価にまつわる様々な技術的課題から逃れることができないこととなる。すなわち、ハイステークスな場面で大人数の受験者に対して実技試験を課すのと同じ困難が伴う評価方式なのである。

　「話す力」をコミュニケーション能力から切り離して「英語を母語話者に近く発話すること」と考えれば、例えば、大学入試で「音楽」の試験が課せられたときに受験生の「歌唱力」を評価することにたとえられるかもしれない。50万人規模で受験者が存在するとしても、ごく身近なカラオ

ケが機械で歌唱力を自動採点できることを考えれば、それ自体は不可能というほど難しいことでもないような気がしてくる。しかし、合否が人生の分かれ道になる大学入学者選抜において、誰もが納得するような妥当な基準で一貫した評価が果たして可能だろうか。そのうえ、完全に出来上がった自動採点システムが存在しない条件であれば、人が評価をしなければならなくなる。評価基準の妥当性、異なる採点者間の評価の一貫性、一人の評価者が一定時間に採点・評価できる答案数にまつわる問題、採点にかかる費用等、具体的に解決しなければならない課題が山積している。

さらに重要なのは、4技能の一つとしての「話す力」とは何なのかという問題である。もし、それが人と人との「コミュニケーション能力」を指すとすれば、その場の人と人との関係性の中で意味のある言葉を考え、やり取りすることができなければ真正性からはかけ離れたものとなる。英語教育の専門家の間には、その意味で「4技能」とその評価という概念枠組み自体に強い違和感と危機感が根強く存在する（例えば、鳥飼 2018）。

2.2 小論文と面接試験

現在の大学入試センター試験（以後、「センター試験」と表記する）や2021年度入試から導入される予定の大学入学共通テストにつながる共通第1次学力試験（以後、「共通1次」と表記する）の導入時点において、マークシート式の共通1次は各国立大学が個別に実施する2次試験との組合せで評価する能力及びその評価尺度の多元性・多様性を確保することが想定されていた。その際、2次試験における評価方法として役割を担うことを期待されていたのは、内申書（すなわち、調査書）、小論文、面接、実技などで、共通1次制度の発足当初に特に進められたのは小論文と面接の導入あった（大谷・島田・本多・松井・白川 2017：39）。なお、小論文は学習指導要領に規定された教科・科目の内容の習得程度を評価する「学力検査」とは目的や内容が異なるが、筆記試験の一部に分類することができる。

第I部　大学入試における主体性の理論と主体性評価

　方法論的観点から言えば、もちろん面接試験は筆記試験とは異なるものである。ただし、面接試験を通じて評価することが期待される能力には多種多様なものがある。例えば、東北大学の平成31年度（2019年度）入学者選抜要項（東北大学2018）に記載されているAO入試II期を例にとると、文学部では「文学部の学問・研究に対する熱意や問題関心、独創性や積極性、及び文学部で学ぶ積極的な意思その他について質問します。それにより、自分の考えを口頭で的確に表現できるかどうか、すなわち、話す力を評価します (p.24)」、理学部では「学習意欲、論理性・独創性・好奇心及び理学的センスなどについて評価します (p.26)」、農学部では「…農学への関心度と知識、発想の柔軟性と豊かさ、表現力、行動力、協調性等を総合的に評価します (p.31)」といった形で、様々な資質や能力の評価が言明されている。主体性に関する心理学的モデル（宮本2019）に依拠するならば、文学部の「文学の学問・研究に対する熱意や問題関心」、農学部の「農学部への関心度」といった表現に見られる資質・能力は、受験する学部の学問分野への意欲や関心という「領域レベル」に関する「動機づけ」に相当する内容であり、まさに「主体性」概念の主要な部分を占める側面について面接試験という方法によって直接的に評価する試みと言える。一方、理学部の「理学的センス」、農学部の「農学への（関心度と）知識」などは、通常は筆記試験で評価されるような当該学問分野に関わる認知的な能力について、面接試験という筆記試験とは異なる方法で評価する試みとも考えられる。もしも、測定の対象となる認知的側面が教科・科目の内容に対する知識、理解と同一であれば、目的は筆記試験と何ら変わらない。むしろ、測定の妥当性や信頼性の側面から考えると、筆記試験の方が測定装置としての性能は格段に優れている。米国における20世紀のテスト（評価方法）の発展に鑑みても、口頭試問が記述式の筆記試験に置きかわり、さらに客観式、選択式形式のテストへと主要な測定方法が時代とともに変化していった歴史的経緯がある（池田1997）。

　現在は様々な役割が期待されている面接試験であるが、戦後直後の新

制大学入試の発足時には、全面的に禁止された時期もあったそうである。佐々木（1984）は、その背景には戦時中に「受験生の思想・信条に立ち入ったり、それを合否の判定の資料としたりすることにたいする危惧と厳しい反省があったとみるべき（p.137）」としている。

3. 選抜資料としての調査書[1]

3.1 調査書が大学入学者選抜に占める位置

学力検査以外の大学入学者選抜の資料として大きな期待が寄せられる評価手法が時代によって移り行く中、一貫して期待が寄せられてきたのが大学入学者選抜への調査書の利用である。調査書は高等学校生徒指導要録に基づいて作成される。したがって、調査書には受験生の大学入学までのポートフォリオを要約したエッセンスとしての期待がある。

わが国の大学入試では調査書を活用することが常に奨励されてきた。たとえば、平成31年度大学入学者選抜実施要項（以下、「実施要項」と表記する）の「第3 入試方法」では、その第1項で「一般入試」が「調査書の内容、学力検査、小論文、面接、集団討論、プレゼンテーションその他の能力・意欲・適性等に関する検査、大学入学希望理由書及び学修計画書、資格・検定試験等の成績、その他大学が適当と認める資料により、入学志願者の能力・適性等を合理的に総合して判定する入試方法」と規定されている。すなわち、「調査書の内容」は一連の選抜資料の冒頭に登場する重要な選抜資料という位置づけであると伺える。第2項の「(1) アドミッション・オフィス入試」は、「…調査書を積極的に活用することが望ましい」という一文で締めくくられている。さらに、「(2) 推薦入試」は「出身高等学校長の推薦に基づき、原則として学力検査を免除し、調査書を主な資料として判定する入試方法」と定義されている（文部科学省高等教育局 2018）。

大学入学者選抜の選抜資料として調査書を重視する政策は近年になって始まったことではない。戦前から、調査書に記された学業成績を重視して選抜試験における学力検査の役割を軽減する試みは何度もあったが

成功しなかった（増田・徳山・斎藤 1961；佐々木 1984）。戦後も新制大学の発足に伴う入学者選抜制度、推薦入学の導入、共通第1次試験の構想など、様々な機会において大学入学者選抜における調査書の活用が政策的に奨励されてきた（Edmiston 1949=1961；中村 1996）。

3.1.1　大学入学者選抜における調査書の利用状況

それでは、調査書の利用実態はどうだろうか。少々古いデータだが、2002（平成14）年に大学入試センター研究開発部が全国677大学に対して選抜単位ごとに実施した「入学者受入方針等に関する調査（AP調査）（以下、『AP調査』と表記する）」によれば、利用率はさほど低くはないが、全面的に活用されているというほどでもない。AP調査の該当部分を分析した鈴木・内田（2004）によれば、当該調査で分析された8種類の大学入学者選抜のうち、最も調査書が利用されていなかった「センター試験のみ」の入試区分では39.3％、「個別試験」を実施する三つの入試区分では45.2～67.1％であった。ただし、最も利用率が高かった「一般推薦入学」では91.4％で調査書が選抜に利用されていたという。

また、AP調査と同じプロジェクトの中で2003（平成15）年に全国の673大学4,575募集単位に対して「高校調査書の利用実態に関する調査」を実施した富永・大久保（2004）によれば、一般入試における調査書の利用率は50.5％、推薦入試では88.0％と報告されているが、同時に「調査書の『参考程度の利用』も利用している範疇に含めた回答」としたため、「各質問項目において求めた利用の度合いや方法についての回答では、『回答できない』および無回答が多く」課題が残ったとしている（以上、富永・大久保 2004）。

3.1.2　大学入学者選抜における調査書の利用に関する高校側の見解

歴史的には大学入学者選抜における調査書の活用は生徒を送り出す高校側が望んだものとされる。中村（1996）によれば、推薦入学の公認に当たって、全国高等学校長協会はかねてから調査書の重視を要望してきた

ことで、文部省の方針に足並みをそろえることになったという。推薦入学（当時）、AO入試が学力不問となっていることを批判した中教審学士課程答申（中央教育審議会 2008）の際も、全国高等学校長協会から要望書が出されたが、三つの要望項目のうちの一つとして「3　調査書の利用」が挙げられている（全国高等学校長協会 2008)[2]。

　一方、現場の高校教員からは調査書の積極的利用は望まれていない。東北大学のAO入試に関係した高校訪問における会話記録等をまとめて分析した倉元・當山・西郡・石井（2009）によれば「調査書により重きを置いた選抜を望む意見は皆無である。むしろ、選抜資料として調査書のウェイトが小さいことを歓迎する内容で占められている（p.157）」としている。

　このように、大学入学者選抜における高校調査書の利用は、政策的に推進されてきた経緯があり、その結果、ある程度は利用されてはいるものの、選抜資料として信頼されて活用されているとは言いがたい。

3.1.3　調査書の記載事項の変化

　調査書の記載事項には時代による変化が見られる。西堀（1978）によれば、戦前、高校調査書は「特に、人物、思想等を知るもの」としての役割があったという。戦後は、大学入学者選抜から非民主的な要素を排除することを目的としてより客観的な様式に改められ、調査書の内容は「a 出席に関する事実上の資料、b 最終3ヶ年間の各教科の得点、c 身体検査による事実上の資料、d 在学中の活動及び指導委員等任命の状況、e 卒業後、上級学校へ志望するまでの経歴如何、f 進学適性検査の成績、g 性格調査表、h 出身高校長の証明の自書（Edmiston 1949=1961）」という構成となった。

　調査書の様式は毎年春に文部科学省高等教育長名で通知される大学入学者選抜実施要項の末尾に掲載されている。例年、ほぼ同じ体裁だが、部分的に改訂が施されてきた。たとえば、2004（平成16）年度入試まで調査書には「健康の状況」を記載する欄が設けられていた（文部科学省高等教育局 2003）。かつては、感染症の拡大防止も入学者選抜の役割とす

るような記述も見られたが、2005（平成17）年度入試の様式からは「健康の状況」欄が削除され（文部科学省高等教育局 2004）、翌年には要項から「健康診断」の項目自体がなくなった（文部科学省高等教育局 2005）。このような変化は、衛生状態の改善といった物理的な環境条件の改善と同時に、世の中の価値観に合わせて大学入学者選抜に関わる基準が徐々に変化して行ったことの表れと受け取れる。同時に、大学入学者選抜において調査書に期待される役割も時代とともに変化しうることを示している。

3.1.4　現在の調査書記載項目

　直近の2019（平成31）年度入試の実施要項では、調査書の様式は以下のように規定されている（以下、文部科学省高等教育局 2018）。

　A4判の表裏1枚に作成することが定められた調査書の表側には、高等学校における学習成績に関わる記録が記載されることとなっている。現在の調査書様式のおもて面を図1に示す。

第４章　大学入学者選抜における評価尺度の多元化と選抜資料としての調査書

別紙様式
（表）

図１　調査書様式（おもて面）
文部科学省高等教育局（2018：11）より作成

履修した教科・科目について学年ごとの評定と修得単位数の合計が記載されるが「『評定』の欄は、5、4、3、2、1の5段階で表示すること」と規定されている。「各教科の評定平均値」及び「全体の評定平均値」を記載する欄が設けられているが、その算出方法には細かい決まりがある。「学習成績概評（以下、主に『概評』と表記する）」とは、「高等学校における同一学年生徒全員（ただし、教育課程の異なる類型のある場合は類型別、専門教育を主とする学科の場合は科別）の3か年間（ただし定時制及び通信制の課程で修業年限が3年を超えるものにあっては当該期間）における全体の評定平均値」を「A、B、C、D、Eの5段階」に分類したものである。それぞれの段階は、全体の評定平均値に対応して表1のように定められている。

表1　学習成績概評と全体の評定平均値

全体の評定平均値	学習成績概評
5.0 ～ 4.3	A
4.2 ～ 3.5	B
3.4 ～ 2.7	C
2.6 ～ 1.9	D
1.8 以下	E

文部科学省高等教育局（2018: 15）より作成

調査書の裏面には学習成績以外の内容が記録される。現在の調査書様式のうら面を図2に示す。「出欠の記録」、「特別活動の記録」の記載欄には学年ごとに所見を記入する欄が設けられている。「指導上参考となる諸事項」には、学年ごとに三つの欄が設けられ、「(1) 学習における特徴等、(2) 行動の特徴、特技等」「(3) 部活動、ボランティア活動等、(4) 取得資格、検定等」「(5) その他」の所見を記入することとなっている。さらに「総合的な学習の時間の内容・評価」、「備考」を記入する欄があり、末尾に学校長、及び記載責任者の署名捺印の欄が設けられている。

第4章 大学入学者選抜における評価尺度の多元化と選抜資料としての調査書

(裏)

※	※	※	※

5．出欠の記録

区分＼学年	1	2	3	4	区分＼学年	1	2	3	4
授 業 日 数					欠 席 日 数				
出席停止・忌引き等の日数					出 席 日 数				
留学中の授業日数					備　　　考				
出席しなければならない日数									

6．特別活動の記録

	第 1 学 年	第 2 学 年	第 3 学 年	第 4 学 年

7．指導上参考となる諸事項

	(1)学習における特徴等 (2)行動の特徴、特技等	(3)部活動、ボランティア活動等 (4)取得資格、検定等	(5)その他
第1学年			
第2学年			
第3学年			
第4学年			

8．総合的な学習の時間の内容・評価

活動内容	
評価	

9．備考

この調査書の記載事項に誤りがないことを証明する
　　　平成　　年　月　日
学　校　名
所　在　地
校　長　名　　　　㊞　　　　　　記載責任者職氏名　　　　　　　㊞

図2　調査書様式（うら面）
文部科学省高等教育局（2018：12）より作成

3.2 学力以外の指標と学力の指標

調査書の項目は「学習の記録」に現れる「学力」に関わる指標と「学力以外」の諸活動との2種類に大別できる。大学入学者選抜資料としての調査書の役割は、いずれに重きが置かれてきたのだろうか。

3.2.1 「学力以外」の要素

学力以外の要素については、例えば「21世紀を展望した我が国の教育の在り方について」と題して1997(平成9)年に出された中央教育審議会の答申において大学入学者選抜の改善の具体的な取組みに触れた中で「調査書は、高等学校における平素の学習状況等を評価し、学力だけでない生徒の多様な能力を総合的かつ多面的に判定するための参考に供することを趣旨としており、高等学校での生徒の活動をきめ細かく評価していく上で欠くことのできない重要な資料である（中央教育審議会1997）」との位置づけが与えられている。しかし、学力以外の要素は、入学者選抜に積極的に活用されてきたとは言いがたい。富永・大久保(2004)によれば「無回答」「回答困難」を除いて選抜において重視した項目としては「評定平均値」が最も多く、推薦では61.4%、その他の入試区分では20%台の値であったが、「出欠の記録・健康状況」は一般入試で10.0%、「特別活動の記録」がAO入試で15.7%であったと報告されている。

大学側と高校側の期待が食い違っているという指摘もある。2002(平成14)年度入試に公立A大学に提出された高校調査書の「指導上参考になる諸事項」を分析した大久保(2008a)によれば、記載内容は「人間性・良識」「生徒会・委員会」「クラブ活動」「努力」「資格取得」といった事項が多かったのに対し鈴木・内田(2004)が分析したアドミッション・ポリシーの記載内容項目の中で記載率が高かったのは「基礎学力」「目的意識」「専門への興味や関心」「教科学力」「実行力・実践力」といった項目であり、「両者の傾向に明らかな差異があることが判明した」としている（大久保2008a）。

「指導上参考になる諸事項」等といった学力以外の要素を表す項目が、実際問題として何を評価する指標になっているのか、また、どの程度、信頼に足るものなのか、といった測定の妥当性・信頼性という側面からの構造的な問題点に対する疑念も払しょくしがたい。倉元・西郡・石井（2010）は「調査書が高校教員によって作成されることを忘れてはならない。結局、評価結果は志願者本人の活動に加えて、記述を担当した教員の力量に大きな影響を受けてしまう。すなわち、志願者本人だけではなく、教員の意欲と作文能力とを同時に評価していることになる（p.30）」と指摘している。構造的に評価指標に教員の主観が含まれることから、調査書重視の入試では、無意識のうちに評価にポジティブ・バイアスがかかる可能性を否定できない。

3.2.2 「学力」の要素

大学入学者選抜資料としての調査書への期待は学力を表す学習の記録に止まらないが、実際には大学入学者選抜資料としての調査書の利用は、学力に関わる部分が大きかったことが分かる。

実際、調査書に関する実証的な研究は学力指標としての調査書に焦点を当てたものが多い。国立大学入学者選抜研究連絡協議会[3]から発行されてきた大学入試研究ジャーナル誌に掲載された個別大学の追跡調査研究をレビューした西郡（2011）によれば、121本の論文のうち、「高校成績」や「高校での履修状況」を独立変数とした研究がそれぞれ25本、4本あったのに対し、「高校での活動実績」を独立変数とした研究は7本であったという。全てが調査書を指標として用いた研究とは限らないだろうが一つの目安とすることは可能だろう。

学力検査との関係から見ると、学力指標としての調査書への期待は、顕在的ないしは潜在的に以下二つに大別できると思われる。

一つは学力検査に代わる学力指標としての調査書への期待である。制度的には推薦入学の導入がそれに当たる。さらに、従来は学力検査を課さない、課す必要がないとされてきた推薦入試とAO入試が、従来の論

理とは逆に学力不在の大学入学者選抜として批判を浴びた際に学力指標としての期待が表面に現れた。直接の契機となった2008（平成20）年に出された中央教育審議会答申において、調査書は「高等学校段階の学習成果を記した重要な資料」と位置付けられた上で、その活用が不十分であるとして「推薦入試において、評定平均値を出願資格や出願の目安として募集要項に明記する等、調査書の積極的な活用に努める」ことが提言された（中央教育審議会 2008 : 33）。

もう一つは、学力検査と併用した際に学力検査を補完する学力指標としての調査書の役割への期待である。

3.3　学力指標としての調査書に関わる問題点
3.3.1　追跡調査と選抜効果

学力指標として学力検査と調査書が併用されるケースで追跡調査を行った場合、通常は調査書の予測的妥当性の方が高くなる。それは、合否判定に大きく寄与するのが学力検査によることに起因する選抜効果の現れにすぎないのだが、一般的に認識されにくい。

個別大学における追跡調査研究の中では、選抜効果は考慮すべき問題であることが古くから知られ、それを周知する試みもなされてきた。共通1次の開始直後、国立大学に設置された入学者選抜方法研究委員会を集めて1980（昭和55）年に発足した国立大学入学者選抜研究連絡協議会の共同研究プロジェクトのテーマの一つとしても取り上げられている（肥田野 1985）。しかし、それでも選抜効果に関する配慮が十分に浸透しているとは言えない。先述の西郡（2011）は、追跡調査で得られた代表的な知見の1番目として、「『入試成績』と『入学後学業成績』には相関がみられず、むしろ調査書の評定平均を中心とした『高校成績』の方が、入学後の学業成績を予測している (p.35)」という結果を取り上げている。しかし、のべ43件見られた「入試成績」および「高校成績」と「入学後学業成績」との相関分析を行った研究のうち、選抜効果に配慮しなかったものが23件と過半数に上ったという。選抜効果を考慮しない場合、見

かけ上、調査書の予測力は高く見えることが多い。調査書に利用に関する議論が錯綜する原因の一つともなっている。西郡(2011)は、こういった「入試研究特有の問題点は、同研究に携わる者にとって共通知として認識されるべきものであろう。そうでなければ、今後も生産的とは言えない議論の繰り返しを招く可能性も否定できない(p.36)」と述べている。

3.3.2　学習の記録に関わる測定論的問題

　追跡調査の技術的問題も調査書をめぐる議論が混乱する一因ではあるが、調査書には尺度としての信頼性における構造的欠陥が存在する。齋藤(1961)は、調査書が大学の入学者選抜に十分活用されていない理由として「(1)学校によって評価基準が異なる、(2)同一学校でも教師によって評価基準が異なる、(3)学校差が現存しており相互の比較が困難である、(4)卒業年次によって評価基準が異なる、(5)卒業後の学力変化が認められない(p.195)」という5点を挙げている。すなわち、大学入学者選抜資料としての技術的な扱いにくさは古くから認識されていたと言える。

　大久保(2010)によれば、調査書の原資料となる、生徒指導要録に記載される評定の基準は文部科学省からの通知で定められている。文部科学省初等中等教育局(2001)の「別紙第3　高等学校生徒指導要録に記載する事項等」の「指導に関する記録　1　各教科・科目等の学習の記録(1)評定」によれば、「ア　各教科・科目の評定は、各教科・科目の学習についてそれぞれ5段階で表し、5段階の表示は、5、4、3、2、1とする。その表示は、高等学校学習指導要領に示す各教科・科目の目標に基づき、学校が地域や生徒の実態に即して設定した当該教科・科目の目標や内容に照らし、その実現状況を総括的に評価して、『十分満足できると判断されるもののうち、特に高い程度のもの』を5、『十分満足できると判断されるもの』を4、『おおむね満足できると判断されるもの』を3、『努力を要すると判断されるもの』を2、『努力を要すると判断されるもののうち、特に低い程度のもの』を1とする」とされている。さらに、「イ 評定に当たっては、ペーパーテスト等による知識や技能のみの評価など一部

の観点に偏した評定が行われることのないように、『関心・意欲・態度』、『思考・判断』、『技能・表現』、『知識・理解』の四つの観点による評価を十分踏まえながら評定を行っていくとともに、5段階の各段階の評定が個々の教師の主観に流れて客観性や信頼性を欠くことのないよう学校として留意する。…(中略)…具体的な評価規準を設定するなど評価の在り方の工夫・改善を図ることが望まれる」と記載されている。

　要点をまとめると、たとえば以下のようになるだろう。調査書における評定値の表現の仕方は統一されているが、基準は学校に任されている。学校として個々の教師の主観を排除することが要請されているが、評価の在り方は学校で工夫することが求められている。また、具体的な評定値5〜1の分布に関しても明示的な定めはなく、結果的にそれを集積した評定平均値も、そこから作成される概評もその内容や基準は学校に一任されている形である。もしも、一貫した基準による評価が徹底されているならば、同一学校内における評価は共通尺度としての性質を保つことが可能だろう。しかし、異なる学校の評価結果を相互に比較することには確たる根拠がない。結果的に齋藤(1961)が指摘した五つの問題のうち「(1) 学校によって評価基準が異なる」「(3) 学校差が現存しており相互の比較が困難である」は構造的に不可避の問題であることが分かる。

3.4　調査書の活用が学力指標に与える影響

　調査書に係る技術的な諸問題のうち、学力指標としての調査書に対して大学入試制度が与えた影響について、間接的な検証を定量的に行った分析を示す。先述の齋藤(1961)による調査書に関わる議論の枠組は、約半世紀以上を経過した現在でも有効である。調査書が活用されない五つの理由のうち、学校内の問題である「(2) 教師による評価基準の違い」は個々の教師の評価基準を定義し、それを検証するための方法論が見出せない。逆に「(5) 卒業後の変化が認められない」は自明である。「(1)、(3)、(4)」の論点に関わる検証が試みられた。

　特に「(4) 卒業年次によって評価基準が異なる」という観点は、大学入

学者選抜制度との関係という視座から分析されるべきだろう。少子化に伴い調査書重視の推薦入試が、近年、急速に拡大した。政策的な後押しもあり、大学入試制度が全体として長い年月を経て相対的に調査書を重視した制度に移行してきたことは事実である。評価基準の経年的な変化を追うことで、間接的に推薦入試拡大との関係を推測する必要がある。

類似した研究として倉元・川又（2002）がある。倉元・川又（2002）は、単年度における特定大学特定学部のAO入試の志願に当たって提出された調査書において、出願要件として課されている「学習成績概評A」の分布に着目した。概評Aの比率には学校間格差が大きかった。齋藤（1961）の「(1) 学校によって評価基準が異なる」事実が存在し、その基準の違いが著しく大きいと同時に「理数科」「普通科」といったコースの違いが無視できないことを見出した。しかし、限られたデータということもあり「(4) 卒業年次によって評価基準が異なる」という事実は見いだせなかった。また、倉元ほか（2010）は、調査書が出願条件に課されているAO入試への出願校と非出願校における概評Aの分布を比較することで、特定大学の入試が評定平均値に与える影響を見出すことを試みたが証拠は得られなかった。高校側から見た場合には生徒の出願校は多様であるため、特定大学の入試の影響力を析出するのは不可能と思われる。

以下の分析は、8年というまとまった期間の経年変化を追うことで、マクロな入試制度の変化の影響を間接的に捉えるアプローチである。手法は倉元・川又（2002）を踏襲しながら、経年変化を手掛かりに大学入試制度の変化が高校調査書に与えた影響を分析したものである。分析手法は倉元・川又（2002）、倉元（2015）を参照のこと。

3.4.1 データ

国立B大学の平成m年度入試とその8年後の平成n年度入試において、X学部の複数の入試区分の選抜資料として提出された調査書から抽出された学習成績概評欄の成績段階別人数、および、学校名、コース、卒業年度（または、卒業見込年度）である。全部で930校、1,778件のデータが

得られている。調査書の作成年度は以下の6区分に分類された。古い順から「m-2年度まで」が129件（7.3%）、「m-1年度」が369件（20.8%）、「m年度」が563件（31.7%）、「m+1〜n-2年度」が40件（2.2%）、「n-1年度」が215件（12.1%）、「n年度」が462件（26.0%）であった。設置者別では「国立」が9件（0.5%）、「公立」が1,209件（68.0%）、「私立」が560件（31.5%）、コースは「普通科」が1,591件（89.5%）、「理数科」が161件（9.1%）、「普通科・理数科以外」が26件（1.5%）であった。都道府県別に見た場合、47都道府県の全てから1〜154件のオブザベーションが得られた。都道府県を単位として全国の地域を「東北・北海道」「関東」「中部」「関西以西」の区分に再分類した結果、「東北・北海道」が427件（24.0%）、「関東」が555件（31.2%）、「中部」が351件（19.7%）、「関西以西」が445件（25.0%）となった。進学実績に基づく高校ランクは、平成m年度のデータを基に倉元・川又（2002）の基準に従って、中村（1999、2002）に基づく11カテゴリーに分類後、「A1以上」「A2」「A3」「B1」「B2〜B3」「C以下」の6カテゴリーに再分類された[4]。判定できずに欠測となった17件を除くと、「A1以上」が352件（20.0%）、「A2」が382件（21.7%）、「A3」が351件（19.9%）、「B1」が277件（15.7%）、「B2〜B3」が313件（17.8%）、「C以下」が86件（4.9%）である。以上、データプロフィールに関する詳細は倉元（2015）を参照していただきたい。

なお、本研究で分析の対象とする資料の中には、受験者の個人情報の類は一切含まれていない。

3.4.2 指標

分析指標に関しては倉元・川又（2002）を参照していただきたい。基本的には「概評A」と「概評B」の境界に当たる評定平均値4.25を各高校の「概評A」に該当する人数の比率に基づき補正したものである。相対的に評価が甘くて「概評A」の比率が大きいと境界値が低くなる。学校間格差は考慮しておらず、あくまでも相対評価としての厳しさの指標である。倉元・川又（2002）では、この指標は「標準スケール値（SS値）」と呼ばれている。

3.5 結果
3.5.1 評定平均値の分布に影響を与える要因

全データに含まれる「概評A」比率の算術平均は24.5%、中央値は21.2%であった。最大値は95.1%、最小値は1.3%、すなわち、最も評定が甘い高校では95.1%の生徒に「概評A」を与えており、最も厳しい高校では全体の1.3%の生徒しか「概評A」の成績が得られていなかったということである。

調査書評定基準の学校間格差の様相と大学入試制度がそれに与える影響を示すために、「設置者」「コース」「卒業年度」「高校ランク」「卒業年度」「地域」の五つの変数を説明変数、SS値を基準変数として数量化Ⅰ類を用いて分析された結果が図3である。数量化Ⅰ類を用いて結果が産出されている。カテゴリー値が負の方向に振れるほどSS値が小さくなる、すなわち、「概評A」の比率が大きくて評価基準が相対的に甘いことを示す。逆に正の方向に振れるほど、「概評A」の比率が小さくて相対的に評価が厳しいことを示す。

第Ⅰ部　大学入試における主体性の理論と主体性評価

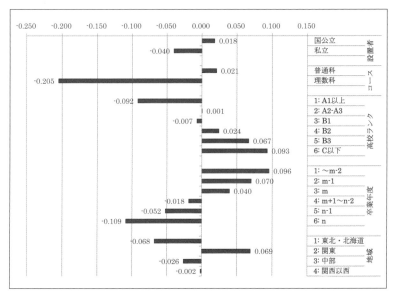

図3　数量化Ⅰ類によるカテゴリー値

　「設置者」に関しては、「私立」がやや「－」、国公立が「＋」方向に振れているものの、大きな要因とはなっていない。「コース」に関しては大きな違いが見られた。すなわち、「理数科」が「普通科」よりも著しく甘い基準となった。おそらく、同一高校の中で普通科と併設されて設けられた理数科には特進クラスのような位置づけが与えられているケースが多く、学校内で統一した基準で評価を行った場合に好成績を修めて「概評A」に達する生徒の割合が高くなるのであろうと推察される。

　「高校ランク」も概ねランクの高い高校の評価が甘くなっており、いわゆる高校間格差を補正する方向に作用していた。ただし、わずかながらランクの順序性が乱れているところが1カ所存在する。すなわち、「3: B1」のカテゴリー値が「2: A2～A3」よりも小さくなっている。

　「卒業年度」には大学入試制度の変化の影響が疑われる結果が出た。「m-2年度まで」が最も評定が厳しく、最後の「n年度」に至るまで、年度を経るにしたがって評定が甘くなる傾向が見出されたのである。しかも、

「高校ランク」をしのぐ影響力の強さである。

地域差もある。最も甘いのが「東北・北海道」、最も厳しいのが「関東」であった。

3.5.2 評定平均値の経年変化

図4はランクごとのSS値平均の変化である。データは「普通科」に限っている。なお、「m+1 〜 n-2年度」は省略して表記した。各セルの度数は6 〜 106である。

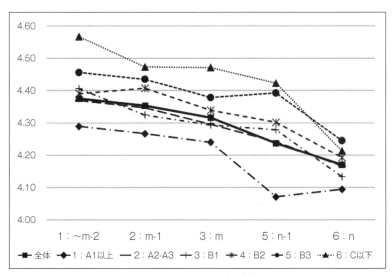

図4　ランクごとのSS値の変化

全体としては全てのランクでSS値が下がっているが、問題はその大きさである。平均的には「n年度」の「C以下」のSS値は「m-2年度まで」の「A1以上」のSS値に匹敵するほどの大きさの変化となっている。

図5は地域ごとのSS値の変化である。各地域とも評価基準が甘くなっている様相が見て取れる。さらに、若干、地域間格差が開いているようにも見える。

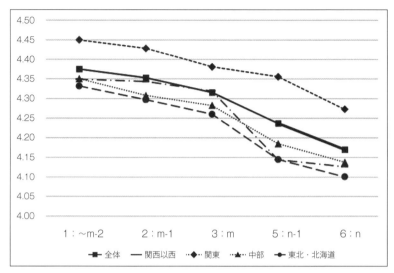

図5 地域ごとの SS 値の変化

　ここまでのデータは年度によって学校の入れ替わりがあるので、地域による経年的な変化の様相をより詳細に確認するため、卒業年度の「m-1年度」または「m年度」及び「n-1年度」または「n年度」の双方にデータが存在する普通科と理数科を抽出し、新しい年度から古い年度の「SS値」を引くことでその差分を求めた。なお、各時期で両方の年度にデータがある場合は平均が用いられた。

　条件に合うデータは364件見出された。287件（78.9%）で評定が甘くなっており、全く変化がなかったケースが1件あった。厳しくなる方向に振れたのが76件（20.1%）であった。

　地域ごとのSS値の変化は表2に示すとおりである。各地域とも全体的に評価が甘くなっているが、その程度は地域によって少し異なる。

表2　地域ごとのSS値の変化

	m-1, m年度 平均 (sd)	n-1, n年度 平均 (sd)	差分 平均 (sd)
全体	4.31 (0.22)	4.18 (0.27)	-0.13 (0.20)
東北・北海道	4.25 (0.20)	4.10 (0.21)	-0.16 (0.17)
関東	4.38 (0.21)	4.30 (0.27)	-0.08 (0.19)
中部	4.28 (0.23)	4.13 (0.28)	-0.14 (0.22)
関西以西	4.28 (0.20)	4.12 (0.24)	-0.15 (0.22)

4. 調査結果からの教訓

　評定が学習状況の評価を忠実に反映したものであり、それが生徒の学力を反映したものであれば、基準が多少あいまいであっても、ある程度、学力を示す外的変数との一貫性が見られるはずである。SS値と学校ランクの間にはある程度の整合性が部分的に確認された。ただし、その事実をもって、異なる学校、コースに属する個人の評定間の公正な比較が保証できるかと言うと、それはそれで全く異なる話である。「2 : A2〜A3」と「3 : B1」の間でSS値の算術平均値が逆転していたのは、若干、気になる兆候である。データとなった調査書が得られた二つの年度の間に、私立大学においては一般入試による入学者が5割を割り込んだ。その分、学力検査を要しない入試の比重が増し、相対的に選抜資料としての調査書の比重は増していったと考えられる。その間も、齋藤（1961）が指摘した大学入学者選抜資料としての調査書の問題点は残ったままである。高校ランクという本来であれば調査書の評定基準に最も大きな影響を与えるべき変数の影響力を超えて、8年の間に評定が甘くなってきたということは、調査書を重視する方向の大学入学者制度に合わせた受験対策の影響が疑われる。

　高等学校で「進路のしおり」等の名称で作成され、生徒に配布される進路指導資料の分析を通じて、進学重点校の推薦入試、AO入試への対応の分析を行った大谷（2011）によれば、伝統的な進学校においては「表だって推薦/AOの存在を示すことには積極的ではない」傾向があるもの

の、「中堅の進学重視校では高校間の序列構造からの脱却を目指し、推薦/AOを学校全体として積極的に活用する事例も見られる (p.6)」という。すなわち、一般入試、推薦入試、AO入試といった多様な入試の指向性は、生徒の学力水準によって異なっており、進路指導の方針もそれに応じて異なっていることが示唆されている。先述の学校ランクから見た際のSS値の逆転現象もこのような戦略と関連している可能性がある。

　もちろん、推薦入試やAO入試に向けて、充実した指導がなされている事例もある。しかし、同時に評定値に関して明確な基準が存在しないことを考えると、大学入学者選抜を実施する側としては、受験生を送り出す立場の高校側が、何ら規定等に反することなく進学実績を意識して技術的な対応を施すことも可能な制度となっていることも意識しておかなければならない。推薦入学が開始された時期から現在まで、この点における本質的な構造は変わっていない。

　佐々木（1984）は当時の大学入学者選抜実施要項の記述に「大学入学者選抜は、①大学教育を受けるにふさわしい能力・適性を備えた者を②公正かつ妥当な方法で選抜するように実施するとともに　③入学者選抜のために高等学校の教育を乱すことにないように配慮するものとする (p.8)」という記述がみられることから、これらを「大学入試の三原則」と呼んだ。これらの原則は、ときとして相互に矛盾する。多くの制約の中で最適に近い選抜方法を模索するには、一つの論点に捉われずに様々な矛盾を俯瞰的に眺める視野が必要であり、調査書に関する取扱いもその一例と考えるべきだろう。すなわち、1回限りの試験成績が合否を決定的に左右するよりも、長い期間にわたって積み上げられてきた学習成果を評価すべきであるという主張は正しい。しかし、調査書には「公平」を担保できる仕組みがなく、結果的に「妥当な方法」と呼ぶには不十分なのである。調査が示したのは、学校間の比較の困難さと評価基準が大学入学者選抜制度に影響を受けることの2点である。それ以外にも、個々の評定に対する評価基準の問題は手つかずに残っている。さらには、主体性を含む学力以外の能力・適性を「公正かつ妥当」に評価する指標はどの

第 4 章　大学入学者選抜における評価尺度の多元化と選抜資料としての調査書

ようにすれば作れるのか。

　これらの問題を包括的に検討し、改善方法を見出すことはできているのだろうか。「調査書にまつわる状況は、基本的には 30 年前に指摘されたものとほとんど変化していない（大久保 2008b : 30）」という状況からさらに 10 年あまりが経過した現在、調査書を主たる選抜資料として「主体性評価」に踏み出し、それを大きく展開しようとするならば、その真価が問われている。

【注】

1) 本節の記述は主として倉元（2015）からその一部を抜粋して、加筆修正したものである。
2) 学士課程答申（中央教育審議会 2008）は、学力把握措置としての調査書の機能に期待していたが、全国高等学校長会からの要望では、「高等学校教育では、学校教育活動全体を通じて『人間力の育成』に努力を重ねている。今後も、生徒の多面的な『人間力』を表現可能となるように調査書の書式・記載事項・記載方法を見直すとともに、高校 3 年間の活動歴を何らかの形で入試合否に反映させることを求めたい（全国高等学校長協会 2008）」と、学習成績以外の情報についての活用を求める内容となっている。結果的に、校長会の要望を反映する形で、2011（平成 23）年度入試から、調査書様式の「指導上参考となる諸事項」の部分が改訂された（文部科学省高等教育局 2010）。
3) 2007（平成 19）年発行の第 17 巻からは、全国大学入学者選抜研究連絡協議会の組織改編されている。
4) 中村（1999）では、旧帝大 7 大学に一橋大学、東京工業大学の合格者数等を元に全国の高等学校が 3A、2A、A1 ～ A3、B1 ～ B3、準 B1 ～ 準 B3、C1、C2…といった形で分類されている。

【謝辞】

　本研究は JSPS 科研費（基盤研究［A］JP16H02051）の助成に基づく研究成果の一部である。

【文献】

中央教育審議会（1997）「21 世紀を展望した我が国の教育の在り方について（第二次答申）」，
　　http://www.mext.go.jp/b_menu/shingi/chuuou/toushin/970606.htm
　　（閲覧 2018/12/28）．
中央教育審議会（2008）「学士課程教育の構築に向けて（答申）」平成 20 年

12月24日,
http://www.mext.go.jp/component/b_menu/shingi/toushin/__icsFiles/afieldfile/2008/12/26/1217067_001.pdf.（閲覧2018/12/28）.

Conley, D.（1995）"Oregon's Proficiency-Based Admission Standards System (PASS)", *The National Center for University Entrance Examinations Eds. Proceedings of the International Conference on University Admissions for the 21st Century*, pp.108-118.（=1995 コンリー, D.「オレゴン州の新しい大学入学基準（PASS）―高校と大学への今後の影響―」, 大学入試センター編『21世紀に向けての大学入試　国際シンポジウム報告書』, pp.102-115.）

Edmiston, V.（1949 /1961）「日本に於ける上級学校入学者の選抜法」, 増田幸一・徳山正人・斎藤寛治郎『入学試験制度史研究』東洋館出版社, pp.294-298.

肥田野正（1985）「高校調査書・共通1次学力試験・2次試験・入学後の成績間の相関分析の方法論的研究」,『教育心理学年報』第24巻, pp.151-152.

池田央（1997）「心理・教育測定の理論と技術はいかに発展してきたか――この20世紀の歴史を振り返る――」,『立教大学社会学部応用社会学研究』39, pp.15-35.

国立大学協会（2017）「平成32年度以降の国立大学の入学者選抜制度――国立大学協会の基本方針――」平成29年11月10日,
http://www.Janu.jp/news/files/20171110-wnew-nyushi1pdf
（閲覧2018/12/15）.

倉元直樹（2015）「大学入学者選抜における高校調査書」,『教育情報学研究（東北大学大学院教育情報学研究部・教育部紀要）』第14号, pp.1-13.

倉元直樹・川又政征（2002）「高校調査書の研究―『学習成績概評A』の意味―」,『大学入試研究ジャーナル』No.12, pp.91-96.

倉元直樹・西郡大・石井光夫（2010）「選抜資料としての調査書」,『大学入試研究ジャーナル』No.20, pp.29-34.

倉元直樹・當山明華・西郡大・石井光夫（2009）「東北大学AO入試における調査書利用の考え方と高校側の意見」,『東北大学高等教育開発推進センター紀要』第4巻, pp.147-159.

増田幸一・徳山正人・斎藤寛治郎（1961）『入学試験制度史研究』東洋館出版社.

宮本友弘（2019）「『主体性』評価の課題と展望——心理学と東北大学AO入試からの示唆——」，東北大学高度教養教育・学生支援機構編『大学入試における「主体性」の評価——その理念と現実——』東北大学出版会，pp.7-29.

文部科学省高等教育局（2003）「平成16年度大学入学者選抜実施要項」平成15年6月5日，15文科高第185号.

文部科学省高等教育局（2004）「平成17年度大学入学者選抜実施要項」平成16年5月20日，16文科高第128号.

文部科学省高等教育局（2005）「平成18年度大学入学者選抜実施要項」平成17年5月26日，17文科高第153号.

文部科学省高等教育局（2010）「平成23年度大学入学者選抜実施要項 平成22年5月21日，22文科高第206号.

文部科学省高等教育局（2018）「平成31年度大学入学者選抜実施要項」平成30年6月4日，30文科高第186号.

文部科学省初等中等教育局（2001）「高等学校生徒指導要録に関する記載事項等，小学校指導要録，中学校指導要録，高等学校指導要録，中等教育学校生徒指導要録並びに盲学校，聾（ろう）学校及び養護学校の小学部児童指導要録，中学部生徒指導要録及び高等部生徒指導要録の改善等について」平成13年4月27日，13文科初第193号【別紙第3】高等学校生徒指導要録に記載する事項等，
http://www.mext.go.jp/b_menu/hakusho/nc/attach/1288254.htm
（閲覧2018/12/15）.

中村忠一（1999）『全国高校格付け2000年版』東洋経済新報社.

中村忠一（2002）『エリートへの道は中学・高校選びで決まる』エール出版社.

中村高康（1996）「推薦入学制度の公認とマス選抜の成立—公平信仰社会における大学入試多様化の位置づけをめぐって—」，『教育社会学研究』第59巻，pp.145-165.

西堀道雄（1978）「入試に関する教育心理学的諸問題—Ⅰ大学入試」，『教育心理学年報』第17巻，pp.117-126.

西郡大（2011）「個別大学の追跡調査に関するレビュー研究」，『大学入試研究ジャーナル』No.21, pp.31-38.

大久保敦（2008a）「高校調査書及びアドミッション・ポリシーで重視され

る内容の比較—高校調査書「指導上参考になる諸事項」に記載されている内容の分析から——」,『大学入試研究ジャーナル』No.18, pp.31-36.

大久保敦(2008b)「文献探訪」,『大学教育』第6巻第1号, 大阪市立大学, pp. 29-31.

大久保敦(2010)「大学入学者受け入れにおける高校調査書情報活用の可能性—高校評定平均値と大学GPAの分析から—」,『大学入試研究ジャーナル』No.20, pp.159-164.

大谷奨(2011)「進学重視校における進路指導と推薦/AO入試—A県県立高校の『進路指導資料』を手掛かりとして—」,『大学入試研究ジャーナル』No.21, pp.1-6.

大谷奨・島田康行・本多正尚・松井亨・白川友紀(2017)「共通第一次学力試験実施に伴う個別学力検査の多様化についての再検討」,『大学入試研究ジャーナル』No.27, pp.37-42.

齋藤寛治郎(1961)「入学試験制度における今後の問題点」, 増田幸一・徳山正人・斎藤寛治郎編『入学試験制度史研究』東洋館出版社, pp.175-221.

佐々木亨(1984)『大学入試制度』大月書店.

鈴木規夫・内田照久(2004)「アドミッション・ポリシー等に関する調査結果の分析」, 大学入試センター研究開発部編『アドミッション・ポリシーと入学受入方策——大学における学生の入学受入方策に関する総合的調査研究——共同研究「ユニバーサル化時代における高校と大学の接続の在り方に関する調査研究(イ)」報告書』pp.21-42.

東北大学(2018)「平成31年度(2019年度)入学者選抜要項」東北大学.

鳥飼玖美子(2018)『英語教育の危機』ちくま新書.

富永倫彦・大久保敦(2004)「高校調査書の利用実態に関する調査研究」, 大学入試センター研究開発部編『アドミッション・ポリシーと入学受入方策——大学における学生の入学受入方策に関する総合的調査研究——, 共同研究「ユニバーサル化時代における高校と大学の接続の在り方に関する調査研究(イ)」報告書』pp.75-104.

全国高等学校長協会(2008)「学士課程教育の構築に向けて(審議のまとめ)」への意見」全高長第20号, 平成20年5月12日, http://www.zen-koh-choh.jp/iken/2008/080617/chyukyoso.pdf (閲覧 2018/12/17).

第Ⅱ部

高等学校における主体性評価への対応

第1章　学びの中の主体性
——生徒の日常生活と真の学力

有山　智雄（開成中学・高等学校）

1. はじめに

　学習における主体性の重要性が多く言われるようになり、評価の対象にもなろうとしている。学校現場において今まで主体性が軽視されていたかというと、決してそうではない。

　筆者の勤務する開成中学・高等学校（以後、「開成」と表記する）は今年で創立147周年という歴史を持つ中高一貫の男子校である。東京都荒川区、山手線西日暮里駅から徒歩3分ほどのいわゆる東京の下町に立地している。中学校からの入学者が約300名、高等学校から約100名が入学するため、高校段階では1学年約400名の規模である。

　開成というと、世間的には「東大合格者数日本一」といったイメージが強いかもしれない。しかしながら、開成では常に生徒の主体性、自主性というものが重視されてきた。

　本章では、筆者が開成の教員として経験してきたことをベースに、学校現場における生徒の主体性のあり方、そして主体性の評価について考察する。

2. 学校現場における主体性

　開成では、創立当時から自主自律が大切にされ、生徒の自主性が尊重されてきた。創立者である佐野鼎が幕末に欧米を視察した際に、日本の近代化のために学問・人格とも優れた次世代を担う人材を育てることの重要性を痛感し、帰国後の1871（明治4）年に開成を創立したのが起源である。初代校長の高橋是清は「学問の目的は、生徒自身が研鑽し、知識を確実に身に付けた上で、自ら思考力を働かせ、社会で実際に活用し、

社会のために尽くすことにある。学問の成否は、教える人でなく、学ぶ人にある。」と説いた。佐野、高橋の建学の精神は開成の校名の由来でもあり教育方針でもある「開物成務」、すなわち、「物を開き、務めを成す」という意味の標語、あるいは、校章として用いられているペン先をモチーフにしたエンブレムが表す「ペンは剣よりも強し」という精神に象徴されている。質実剛健であるが自由な雰囲気の下、伝統を守りつつ時代の変化に柔軟に対応しながら、開成は明治、大正、昭和、そして平成の四つの時代に社会の様々な分野で活躍する人材を輩出してきた（丹呉2015）。

開成において主体性、自主性という言葉が使われる状況を整理してみると、大きく次の四つに分類することができる。

2.1 学習計画を立てる上での主体性

開成では、大多数の生徒が入学前の小学校時代、ないしは、中学校時代、何年間も塾に通って大量の宿題を出されてそれをこなす勉強を経験してきている。ところが、開成では宿題を出すことはあまり多くない。普通に授業を受けて、それを評価される機会が定期考査までない場合もある。

成績の振るわない生徒に面談をすると「勉強の仕方がわからない」「何をすればいいかわからない」という答えが返ってくることが少なからずある。「勉強の仕方がわからない」というようなことを言う生徒の多くは「塾では宿題をやっておけばテストでちゃんと点が取れた」というようなことを言う。保護者から宿題の要望を出される場合もある。彼らの多くは与えられた課題（宿題）をこなすことによってテストで良い成績を得られたという成功経験があるわけである。

そのような生徒に対して、筆者は具体的な課題を出したり学習計画を示すのではなく「自分で勉強の計画を立てる」ことを強く勧めるようにしている。自分にとって何が必要なのかを自分で見極め、具体的に何をすればいいのかを自分で計画できるようになることが、長期的に見て非

常に大切だと考えるからである。「成績が落ちたから塾に行く」という生徒も散見する。しかし、塾に行って成績が向上した例は経験的に少なく、その事実も伝えるようにしている。塾を否定するわけではないが、「自分できちんと勉強する」そういう空気感をどうやって醸成するのかが重要だと考えている。

社会人になると「指示待ち人間ではいけない」ということが言われるが、中学・高校時代に指示された課題をこなすだけで勉強してきた人が、社会に出たとたんに、自分のすべきことを自分で判断できるようになるとは考えにくい。定期テストや入学試験に向けての学習計画を自分で立てることは、物事に主体的に取り組む非常に良いトレーニングである。

2.2　課外活動における主体性

開成では様々な課外活動の場面で生徒の自主的な活動が尊重されている。部活動や運動会、文化祭などの学校行事がまさしく生徒の主体性が発揮される場面となる。

卒業生に「開成の思い出は？」と聞けば、ほとんどが運動会を挙げるであろう。運動会は8クラスの対抗戦で、高校3年生が半年以上もかけてアーチと呼ばれる畳24畳分の絵を準備するのが伝統となっている。教員はひたすら見守り、手や口を極力出さない。教員が指示してしまった方が効率的な場合もあるかもしれないが、たとえ効率が悪くなったとしても生徒の自主性、主体性を大事にするようにしている。生徒がいないと運動会が成立しない仕組みになっているのだ。運動会の翌日、片付けの日には生徒の顔が達成感の溢れているのが毎年印象的である。このような体験が自己肯定感や自信の源泉につながるのだと感じる。開成では同様に文化祭も生徒が運営している。

さらに、自発的な同好会が部活動に発展していく仕組みもある。例えば、ジャグリング部は数名の生徒がスタートさせ、10年以上続いて、ついに全日本チャンピオンを輩出した。その背後には常に高いレベルを目指して練習している姿がある。他にもエコカー同好会は原付バイクの

50ccのエンジンを使って自作の車を作り、燃費競争をするエコランという大会に出場するのだが、活動資金が必要となる。彼らはペン剣基金という開成内部の研究助成金を利用した。この基金はOBの寄付を原資としたもので、きちんと審査を通れば援助される。こういった同好会が次々と出てくる背景には「やりたいことはやった方がいい」という空気感が学校の中に存在するからだと言える。顧問さえいれば、同好会は作れるので、教員としては背中を押す役割である。

　開成が生徒に恵まれているのは間違いない。挑戦する仲間、好奇心旺盛な仲間、支えてくれるOBを日頃から感じていることが様々な活動につながっている。教員は経験的に、主体的な活動を通じて生徒が大きな自己肯定感を得ることができ、自信の源泉となることを、その結果として生徒の大きな成長につながることを知っているので、あえて手出しをしないで見守りに徹するのである。

2.3　授業などの学習場面における主体性

　グループでの学習活動で積極的だったり、教員の発問に対して積極的に発言し、議論を活性化させたりする生徒は「授業に積極的に参加している」とみなされる。このような生徒は「授業の参加の仕方が受動的でない」という観点で「主体的に授業に参加している」とみなされる場合も多い。

　それでは、積極的に見えない生徒は、主体的に学んでいないのだろうか。たとえば講義型の授業において、板書をノートに写しているだけでは「受動的」とみなされるべきであろう。しかし、頭をフル回転させ、講義内容を自分なりに消化していった場合は「授業を利用して主体的に学んだ」と評価されるべきであろう。それはその場では中々分からないことである。

　3名の対照的な卒業生が脳裏に浮かぶ。まずは、A君。在校中から地質部で活躍し、積極的に外部の研究者にコンタクトを取って会いに行き、自分でどんどん研究を進めていた。珍しい化石を発見したこともあり、そういう実績をアピールして推薦入試で超難関大学の合格を勝ち取った。目

に見える主体的な活動が具体的に評価されて結果に結びついた例である。

一方、B君。中学校時代の成績は目立たなかったが、高校でトップクラスになった。尋ねると彼は「勉強のやり方がわかった」と言っていた。夜11時には寝ていることで有名だったので、寝る間を惜しんで勉強したわけではないようだが、東京大学に入り、官僚として住みやすい日本を作るために、日々頑張っている。

C君。在校中は劣等生だった、というのが本人の談である。医歯系の大学に進み、在学中にインターネットとコミックカルチャーを組み合わせた仕事を起業した。大学6年生の時に決断して歯学の勉強を中断し、仕事に専念したということである。その後、事業は軌道に乗り、現在では有名なイラストコミュニケーションサイトの会社の社長になっている。彼は非常にしっかりとした信念を持って、その信念に基づいて自分の進路を決めた。彼が主体的に生きていることは疑いない。しかし、在校中は主体性という観点では目立つことはなかったように感じる。

このように、主体性の発露には個性とタイミングがある。個人個人の主体性を見抜くのは至難の業である。学校現場における主体性の評価は容易ではない。

2.4　進路決定における主体性

開成における進路指導は非常にシンプルである。基本的には「自分のやりたいことができる大学、学部を選びなさい」というスタンスである。

個人面談の際に、その時点の学力が志望校に届いていないことは当然ある。そのような場合は「現状では難しいが、行きたいなら相応の努力をしなさい」と伝え、「君の学力ならこの大学」ということを言うことはまれである。本人の希望と親の意見が一致しない場合もあるが、「親を納得させるだけの強い気持ちがあるのか」を問い、「親の意見の意味を十分に理解した上で、自分でよく考えて決めなさい」と伝える。親に対しても「お子さんが自分で決めることが大切です」と伝える。

大多数の生徒は「主体的に進路決定をするということは、自分の選択・

行動に責任を持つということなのだ」ということをしっかり理解し、主体性をもって進路決定をしていると感じている。

3. なぜ主体性は大切なのか

人が生きていくということは、どのように行動するかという選択の連続である。その選択の際に自分で決める、自分の判断に責任を持つということが、主体的であるということになると筆者は考える。主体的に生きるためには、責任を持てる判断をできるようになることが必要なのである。以下に二つの例をあげる。

3.1 登山の例

登山を考えてみる。まず、どの山に登るかの選択は、コースの難易度や自分や同行者の力量、日程などを十分に把握検討し決める必要がある。実際に歩き始めたら、場合によっては撤退の判断が必要になる場合もある。現在位置や、天候、コースの状況、自分や同行者の体調や装備、それらの状況を十分に把握したうえで、判断をする必要がある。もちろんガイドを頼むという判断が適切になされることが必要な場合もあるだろうが、誰かに頼ることなく登山をするためには、責任を持った判断をする能力が前提となるわけである。

3.2 仕事の仕方の例

仕事の仕方に当てはめてみる。「あの人は指示待ち型で、自分で動けない」というようなことが批判的に言われることがある。それでは、指示待ち型とはどのような人なのか、そして指示待ち型でない（主体性型とする）とはどのような人なのかを考えてみることにする。

「指示待ち型」は与えられた仕事を、指示通りに進めることができる。状況が変化しても変化したことに気がつかない、そして変化に気づいても自らの判断で変化に対応することができない。

「主体性型」は状況を把握し、解決すべき課題を抽出できる。そして、

課題の解決法を考えることができ、何をすべきか自分で判断することができる。

主体性を持って行動できることが望ましいが、主体的であるためには、気持ちの持ちようだけではどうしようもなく、状況把握や問題抽出の能力が必要なわけである。

4. 学校の役割

学校は主体性を身につけるためのトレーニングの場であるということができる。第2節で述べたように、学校現場、少なくとも開成では、主体性、自主性の大切さが様々な場面で強調され、「自分の行動は自分で考えて決めるもの」ということを多くの生徒は「あたりまえ」のこととして感じるようになっていく。

それと並行して、状況把握や問題抽出の能力を授業だけでなく、課外活動も通じて高めていくことが、主体性に行動できる人を育てる上で重要であると考える。

5. 主体性の評価

文部科学省の「平成33年度大学入学者選抜実施要項の見直しに係る予告」において、「一般入試の課題の改善」として、主体性の評価に関して以下のように記されている（文部科学省高等教育局 2017）。

> 筆記試験に加え、「主体性を持って多様な人々と協働して学ぶ態度」をより積極的に評価するため、調査書や志願者本人が記載する資料等（※）の積極的な活用を促す。
> ※その他、エッセイ、面接、ディベート、集団討論、プレゼンテーション、各種大会や顕彰等の記録、総合的な学習の時間などにおける生徒の探究的な学習の成果等に関する資料やその面談など。

第Ⅱ部　高等学校における主体性評価への対応

主体的・対話的で深い学びの実現
（「アクティブ・ラーニング」の視点からの授業改善）について（イメージ）

「主体的・対話的で深い学び」の視点に立った授業改善を行うことで、学校教育における質の高い学びを実現し、学習内容を深く理解し、資質・能力を身に付け、生涯にわたって能動的（アクティブ）に学び続けるようにすること

【主体的な学び】
学ぶことに興味や関心を持ち、自己のキャリア形成の方向性と関連付けながら、見通しを持って粘り強く取り組み、自己の学習活動を振り返って次につなげる「主体的な学び」が実現できているか。

【例】
- 学ぶことに興味や関心を持ち、毎時間、見通しを持って粘り強く取り組むとともに、自らの学習をまとめ振り返り、次の学習につなげる
- 「キャリア・パスポート（仮称）」などを活用し、自らの学習状況やキャリア形成を見通したり、振り返ったりする

【対話的な学び】
子供同士の協働、教職員や地域の人との対話、先哲の考え方を手掛かりに考えること等を通じ、自己の考えを広げ深める「対話的な学び」が実現できているか。

【例】
- 実社会で働く人々が連携・協働して社会に見られる課題を解決している姿を調べたり、実社会の人々の話を聞いたりすることで自らの考えを広める
- あらかじめ個人で考えたことを、意見交換したり、議論などして新たな考え方に気が付いたり、自分の考えをより妥当なものとしりする
- 子供同士の対話に加え、子供と教員、子供と地域の人、本を通して本の作者などとの対話を図る

【深い学び】
習得・活用・探究という学びの過程の中で、各教科等の特質に応じた「見方・考え方」を働かせながら、知識を相互に関連付けてより深く理解したり、情報を精査して考えを形成したり、問題を見いだして解決策を考えたり、思いや考えを基に創造したりすることに向かう「深い学び」が実現できているか。

【例】
- 事象の中から自ら問いを見いだし、課題の追究、課題の解決を行う探究の過程に取り組む
- 精査した情報を基に自分の考えを形成したり、目的や場面、状況等に応じて伝え合ったり、考えを伝え合うことを通して集団としての考えを形成していく
- 感性を働かせて、思いや考えを基に、豊かに意味や価値を創造していく

学びを人生や社会に生かそうとする**学びに向かう力・人間性等の涵養**

生きて働く**知識・技能の習得**

未知の状況にも対応できる**思考力・判断力・表現力等の育成**

図1　主体的・対話的で深い学びのイメージ
文部科学省（2018：26）より転載

　「主体性を持って多様な人々と協働して学ぶ態度」は、新指導要領における「主体的・対話的で深い学び」の評価と考えられるが、ここで注意すべきは、図1で示すように「主体的な学び」「対話的な学び」「深い学び」は、独立した要素として示されているということである。評価するにあたっては以下のような構造を十分に踏まえることが必要である。

　　A<u>主体性を持って多様な人々と協働して学ぶ態度</u>
　　　＝B<u>主体性をもって学ぶ態度</u>＋C<u>多様な人々と協働して学ぶ態度</u>

　下線部Bの「主体性をもって学ぶ態度」は第2節で述べたように多様な形があり、同列に評価すること自体が簡単ではない。
　一方、下線部Cの「多様な人々と協働して学ぶ態度」は行動として観測可能な要素が多く、比較的評価がしやすいと考えられる。
　このような状況を考えると、本来独立した要素であるのに、比較的容

易に評価できる下線部Cの評価をもって全体（下線部A）の、さらには並列する要素（下線部B）の評価としてしまう可能性が高いと考えられる。下線部B（主体性）と下線部C（協働して学ぶ態度）の相関が高いことが実証されれば、上記のように扱うことも可能かもしれないが、主体性そのものを評価することは簡単ではないと考えられる。

6. まとめ

学校において、生徒の主体性は以下のような様々な場面で発揮される。

① 学習計画を立てる上での主体性
② 課外活動における主体性
③ 授業などの学習場面における主体性
④ 進路決定における主体性

　主体性は自己肯定感や自信の源泉となるだけでなく、人が生きていく上でとても大切なものである。主体性を伸ばすには、状況把握や問題抽出の能力を高めることも必要である。
　主体性の発揮され方は上記のように多様であり、同列に評価することは簡単ではない。また、測定しやすい要素だけで主体性の評価をしてしまう可能性もあり、選抜試験の材料とする際には、その点を十分に考慮する必要がある。
　評価対象となることで学校現場における主体性のあり方が限定されてしまうことがないよう、十分に配慮する必要があると考える。

【文献】

文部科学省（2018）「新高等学校学習指導要領について」、平成30年度高等学校新教育課程説明会（中央説明会）における文部科学省説明資料、http://www.mext.go.jp/a_menu/shotou/new-cs/__icsFiles/afieldfile/2018/09/14/1408677_1.pdf（閲覧 2018/9/5）.

文部科学省高等教育局（2017）「平成33年度大学入学者選抜実施要項の見直しに係る予告」，
　　http://www.mext.go.jp/component/a_menu/education/micro_detail/__icsFiles/afieldfile/2017/10/24/1397731_003.pdf（閲覧2018/9/5）.
丹呉泰健（2015）「学園長あいさつ」，開成中学・高等学校ホームページ，『学園長挨拶，校長挨拶』，
　　https://kaiseigakuen.jp/about/greeting/（閲覧2018/9/5）.

第2章 「主体性評価」と「学力形成」のはざまで

千葉　栄美（青森県立田名部高等学校）

1. はじめに

　青森県立田名部高等学校（以下、「本校」と表記する）は本州最北端の青森県下北半島北部のむつ市に位置している。下北には津軽地方の弘前市、青森市、南部地方の八戸市のような中核都市は存在せず、人口約6万人弱のむつ市がこの地域の中心となっている。

　交通の便は悪い。青森と盛岡を結ぶ第3セクターの青い森鉄道野辺地駅につながるJR大湊線が外界をつなぐ貴重なライフラインだが、野辺地駅から下北駅までは各駅停車で約1時間、1日9往復のみで、強風時は運休になることも多い。以前は下北半島北部を縦断する大畑線があったが、旧国鉄から民営化された後、2001年に廃線となった。下北半島ではほとんどの人が自家用車か本数の少ないバスを利用して生活している。国道が通行できないほどの大量の積雪があると、下北半島全体が陸の孤島と化すことになる。

　この地域では圧倒的な少子化が進行しており、下北郡内の小中学校はかつて1学年4〜5クラスあった学校も現在では1クラスのみとなったり、閉校となった学校も多い。主産業は漁業だが、下北郡内の大間町や東通村、隣接する上北郡六ヶ所村にも原子力関連施設が置かれ、自治体によっては原子力関連事業が主産業となっているところもある。

　本校の生徒たちは決して恵まれているとは言いがたいこのような環境の下で育ち、学んでいる。もちろん、自宅から通える範囲に大学は存在しないため、大学進学を志すということは高校卒業と同時に自宅を離れ、地域を出ていくことを意味する。

　その中にあって、本校は創立102年の歴史を誇る伝統校である。青森

県の大学進学のための重点校6校のうちの1校に選ばれている。1学年は200名、普通科4クラス、英語科1クラスの5クラスで編成されている。教員は48名で平均年齢は約35歳と若い。初任で赴任するか、初任明けの2校目で赴任する教員が圧倒的に多い学校である。教員集団としての経験不足は否めないが、生徒と一緒に学び、成長し、新しいことに挑戦するには適している。下北半島の進学校であるが、進路は多様である。毎年生徒の1割程度は家庭の経済状態から就職する。大学進学を希望する生徒の9割は国公立志望。金銭的な事情から4年制を避け短大や医療系の専門学校に進学する生徒も一定数存在する。

多様な進路が存在する中で、本校の使命は主体的に自らの進路を切り拓く力と基礎学力を持った生徒を育成することである。主体性評価が叫ばれる以前から評価するしないにかかわらず「主体性」の育成に取り組んできた。本稿ではこうした田名部高等学校の取り組みと、その取り組みの中から見えてきた問題点について述べたいと思う。

2. 主体性育成の取り組み

今から10年以上前の本校の大きな課題は成績上位層を伸ばしきれない事であった。地域の進学校でありながら少子化も相まって学力検査ではほぼ全入の状態が続いていた。そのため、入学する生徒の成績層の幅が広く、成績下位層の指導に終始したために上位層を伸ばしきれない状況が続いていたのである。進学実績が伸びず、20名以上の地域の優秀な中学生が下宿をして青森や八戸の進学校へ入学していた。ただでさえ過疎化が進行する地域にあって、優秀な若い人材の流出は大きな痛手となっていた。そうした状況を食い止めるため、グランドデザインを掲げ、進学実績の向上と難関大学、医学部医学科への合格を目指すことを内外にアピールし、学校改革に取り組むこととなった（図1参照）。

第2章 「主体性評価」と「学力形成」のはざまで

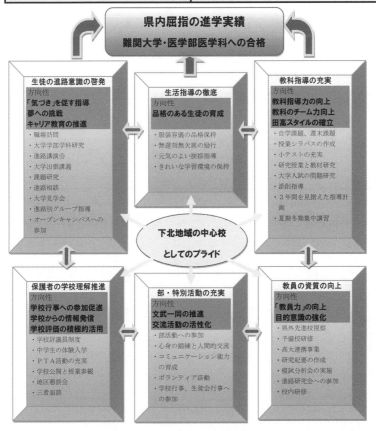

図1　2009（平成21）年策定 田名部高校グランドデザイン

このグランドデザインは地元の中学校へのアピールであると同時に、我々教員の覚悟を示したものでもあった。今まで通り成績下位層への丁寧な指導を継続しながら、上位層への個別添削指導、グループ指導などを充実させることで、学力の伸長を図った。また、学習指導のみに終始せず、「キャリア教育」との両輪で生徒の主体的に学ぶ力を引き出すという方針が掲げられた。

　グランドデザインが策定された翌年にはキャリア教育を考えるチームが発足し、1年かけてキャリア教育の全体計画を策定した(図2参照)。大学に入れることがゴールではなく、10年後にそれぞれの生徒が自立し、しっかりと社会の中で生きていけるような教育を行うことを目指したものであった。キャリア教育は日常の中にこそあること。学びを大切にし、そこから一歩前に自分の力で踏み出すよう支援すること。失敗の中にこそ学びがあることを明記した。生徒につけたい力を明確に示すと同時に、生徒のみに求めるのではなく、教員に求められることも明示した。

　以降、本校ではこの全体計画に基づいてキャリア教育が行われている。2010(平成22)年からキャリア教育の一環として「THEプロフェッショナル」という講座も始まった。職業の選択肢が少ない地域でロールモデルとなる素敵な社会人から学ぶことを目的とした企画である。年間10回ほど土曜日午後に希望する生徒が集まり、第一線で活躍する社会人を呼んで実施される。医師、看護師、教員、地元の葬儀社、津軽三味線の奏者、オリンピック選手など、講演を担当する社会人は多岐にわたる。当日の講師の接待、会場の設営、司会等も生徒が担当する。

第2章 「主体性評価」と「学力形成」のはざまで

青森県立田名部高等学校

キャリア教育全体計画

創立100周年に向けて　本州北端からの新たなチャレンジ

◎ 田名部高校のキャリア教育は日常の中にこそあります。
◎ 学びを大切にし,そこから一歩前に自らの力で踏み出すように支援します。
◎ 生徒が失敗を恐れず,のびのびと活動し,失敗から学ぶ姿勢を大事にします。

図2　2010（平成22）年策定 キャリア教育の全体計画

同時に、地域のボランティア活動にも数多くの生徒が参加している。2017（平成29）年度は年間25件ほどの依頼があり、延べ450名ほどの生徒がボランティアに参加した。学校の内外で様々な人々と触れ合い、失敗体験や成功体験を沢山踏ませることで、自分自身の人生を主体的に歩む生徒を育てていこうという狙いである。グランドデザインの下にそういった取り組みを始め、今日まで継続してきたのである。

　図3は過去12年間の国公立大学現役合格者推移である。自宅から通学できる大学がない本校では、金銭的な負担を考えて大学進学希望者の9割は国公立大学進学を希望している。

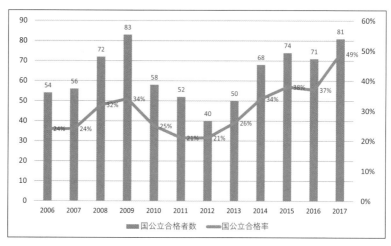

図3　国公立大現役合格者数推移

　2008（平成20）年にグランドデザインが策定され、学校全体で進学実績の向上に力を注いだ結果、一時的に国公立大現役合格者数は大きく伸びた。しかし、それは長くは続かなかった。早くも2010（平成22）年頃から次の低迷が始まったのだ。

　生徒は「勉強をやらされている」という心境に陥り、依存性が高くなっていった。その分、教員は添削などの個別指導などの負担が多くなった。次第に真面目で一生懸命な教員ほど心身の不調を訴えるようになって

いった。学習指導もキャリア教育の取り組みも精一杯行っても合格数が伸びなくなった。

　そうした中、2012 (平成24) 年に次の一手として「アクティブ・ラーニング」への取り組みを始めることとなった。日常の授業の中から生徒の主体性を引き出していこう、という試みである。当時行われていた様々なキャリア教育の取り組みでは、積極的に参加し経験値を広げていく生徒とそうでない生徒の差が広がっていた。また積極的に活動に参加する生徒の多くは女子であった。個別指導でも常に同じ生徒と教員が質問ブースで座っている姿がみられるようになり、教師が生徒にとって体のいい家庭教師のような存在となっていた。主体性を重んじた結果、生徒の中に不平等が生じるようになっていったのである。そのため、全ての生徒に平等に与えられている授業の中で、主体的に学ぶ取り組みが必要と考えたことが、アクティブ・ラーニングにつながっていったのである。

　さらに、2016 (平成28) 年に本校の創立100周年を迎えるにあたり、グランドデザインの見直しも行った (図4参照)。

　目標に掲げたのは進学実績の向上ではなく「地域と歩み世界に挑む」生徒を育てるということ。最も大切にしたのは日常の学習と総合的な学習を通じての課題探究活動である。世界や日本、地域の課題にしっかりと目を向ける人を育てていくというコンセプトでグランドデザインを見直し、現在学習活動に取り組んでいる。

第Ⅱ部　高等学校における主体性評価への対応

田名部高校グランドデザイン　ラウエの継承と明日への挑戦

校訓　「自律」「協和」「純正」　　　平成28年度～
教育目標　「全人的な人間教育の実現」

めざす学校像
1. 地域に貢献できる人材を育成する学校
2. 生徒の進路志望を達成できる学校
3. 地域すべての人が誇りに思える学校
4. 生徒の特質を活かし、一人一人を大事にする学校

めざす生徒像
1. 素直な考えと寛容な心を持つ生徒
2. 自ら学ぶ意味を見つけ、自己を向上させる生徒
3. 本校の伝統を継承し、地域の期待に応える生徒
4. リーダーとして社会で活躍できる生徒

地域と歩み世界へ挑む

進路意識の啓発
「気づき」を促す指導
夢への挑戦
キャリア教育の推進
- 探究型学習
- 職業研究
- 大学学部学科研究
- 課題研究
- 進路講演会、二者面談
- 進路別グループ指導
- オープンキャンパスへの参加
- Theプロフェッショナル
- 保護者による模擬面接
- 大学生によるキャリアサポート

品格ある生徒の育成
ラウエ精神の継承
（調和のとれた人間の育成）
- 服装容儀の品格保持
- 無遅刻無欠席の励行
- 学習環境の整備

学力向上の取組
教科のチーム力向上
田高スタイルの確立
- 7時間授業
- 初期指導
（予習・授業・復習の学習スタイルの確立）
- Active Learning
- 平常講習、夏期・冬期・春期集中講習
- 授業シラバスの掲示
- 小テストの充実
- 3年間を見据えた指導計画

挑戦する力
挑戦を支える力

地域の学校理解の促進
学校からの情報発信
学校行事への参加促進
学校評価の積極的活用
- ＰＴＡ活動の充実
- 学校公開と授業参観
- ホームページの充実
- 学校評議員制度
- 学校評価アンケート実施
- 三者面談の充実
- 学校説明会の実施
- 各中学校実施の高校説明会への参加

主体的取組の充実
文武一同の推進
交流活動の活性化
- 部活動への参加
- コミュニケーション能力の育成
- ボランティア活動参加促進
- 学校行事、生徒会行事の活性化
- スキルアッププログラムへの積極的参加

※「文武一同」とは、部活も勉強も同じものとして、同じ気持ちでやりましょうという意味です。

「教員力」の向上
教科指導力
進路指導力
生徒指導力
- 研究授業と教材研究の充実
- 校内研修
- 県内外先進校視察
- 予備校研修
- 研究紀要の作成
- 模試分析会の実施
- 大学入試問題研究
- 進路研究会・検討会の充実

図4　2016（平成28）年策定 田名部高校グランドデザイン

第2章 「主体性評価」と「学力形成」のはざまで

　図5は、本校の課題研究発表会の様子である。各自が取り組んだテーマについて全校生徒へポスターセッションを行っている。

図5　課題研究ポスターセッションの様子

　授業改革、課題探究の充実などを図った結果、図3にあるように、進学実績は上昇した。2017（平成29）年度の3年生は200名定員中165名のみの在籍であったが、国公立大学合格は81名であった。なお、1割は就職。その他専門学校に進学する生徒もいる。成績層の幅も大きく、模擬試験でも偏差値30台から80以上まで存在する。
　このように多様な進路と幅広い標準偏差の中で各生徒の進路達成のために必死に学習活動をしているのが地方の進学校の現実である。一見すると大変だと思われるかもしれないが、こうした多様性こそが本校の魅力である。高校を卒業して漁師になることが決まっている生徒が大学を受ける生徒に勉強を教えていたり、定期考査で1番の生徒が美容師になるために専門学校への進学志望であったりする。そうした多様性の中で生徒たちはともに学び、笑い、泣いて育っていく。

本校を卒業した生徒は、おそらく10年後、20年後同じ職場の高卒の同僚を下に見たりすることはないであろう。こういう幅のある学校の中で、教員が全ての生徒に個別対応するのは実質的に不可能と言わざるを得ない。生徒に主体性を持たせなければ、教育が成り立っていかないのである。生徒の主体性を育むことこそが、過疎化に悩む地域を支える進学校の基盤を作ることになる。だからこそ、本校ではずっと主体性の育成に取り組んできたのである。

3. 主体性育成の取り組みから見えてきたこと

主体性の育成に取り組んだ10年間の中から見えてきた高校教育における主体性育成の取り組みの現状、課題について述べたい。

高校段階において生徒が考える主体性の内実には「様々なことに取り組んでおけば入試に有利だ」という意識が働いていることは間違いない。すなわち、自分の進路のための主体性は発揮するが、それが他者のため、社会のために発揮されるものではないことがほとんどなのである。その中で、時折、社会の在り方に課題意識を持ち、本気で地域のために主体性を発揮し活動している生徒がいる。そうした活動の先に学びを深めるための進学があったりする。前者と後者は「活動をしている」ということには違いはないのだが、活動の質には大きな違いがある。他者や社会のために発揮される「主体性」が生き生きとした、より深い活動であることは明らかだ。

「主体性」の涵養には時間がかかる。その時間のかかり方も人により違う。世の中の矛盾を見つめ、自分の中の葛藤を経て、それを言語化し行動に移すまでには、当たり前ではあるが、「時間」が必要だ。まずは自分自身についてある程度自信を持たなければ、主体性を発揮するには至らない。在校中は全く主体的でなかった生徒が、卒業後学校に訪ねて来て、生き生きと大学や社会で主体的な活動をしている話をしてくれることはよくある。今、目の前にある「主体性」だけではない「主体性を育てる時間」が教育には必要なのである。そして、高校時代こそがその時間にふ

第2章 「主体性評価」と「学力形成」のはざまで

さわしいのではないだろうか。

　学校には一見すると「主体的」で、この生徒に任せておけば何でも大丈夫という生徒がいる。彼らは教師が望むような「主体性」を常に発揮する。教師に期待されることを敏感に感じ取り、行動をしているのである。しかし、実は、そういう生徒こそ悩んでいたり、苦しんでいることが多いことを我々教員は皆知っている。主体的でなければいけないという無言の圧力が真面目な彼らを苦しめている。

　高校では「積極性」と「主体性」が混同されている。自分で考え、判断し行動するのではなく、教員も生徒も求められることを察知して行動を起こす積極性を「主体性」だと勘違いしてしまいがちなのだ。結果として、多くの活動を積極的にこなしているように見えながら、何一つ自信に結びついていない生徒がいるのである。その反面、学校現場では自分で考え主体的に行動する生徒は「自分勝手だ」と低く評価されがちである。結果的に、学校や教師にとって都合のいい「主体性」のみが高く評価されてしまうことが多いように感じられる。

　実は、中学校では、観点別評価も主体性の評価も高校以上に進んでいる。青森県の県立高校の入学者選抜試験では、特別活動や部活動での活動を点数化する特色化選抜が全ての学校で実施されている。一般選抜と特色化選抜の定員比率、点数については学校毎に違うが、学力だけではなく、特別活動や部活動の実績が点数化され入学者選抜に加えられている。そのためか、近年、高校の中で部活動の部長を決めたり、委員長を決めたりすることに困ることはない。必ず、立候補する生徒がいるからだ。彼らはそれをすることが自分の得になることを知っている。しかし、得てしてそうした生徒にはリーダーシップはない。結局、教員が様々なてこ入れをするために苦労する羽目に陥る。

　行事や講演会、授業の感想文にも変化がある。書かれていることに個性が感じられず、パターンが決まっている。それは、中学校では観点別評価で点数化され、評価されてきたからだと思われる。「講演が面白くなかった」「自分の意見とは違う」などという感想は、今ではほとんど見ら

れなくなってしまった。

　諸活動の点数化が導入されてから、入学する生徒の様子ははっきりと変化してきた。積極的にボランティアに参加し、部長や委員長にも積極的に立候補する。そつのない感想文を書く。「真面目」で「不器用」な生徒たちが、求められることをそのように必死でこなしている。その姿を間違っている、ということはできないだろう。しかし、それが、今、社会が求めている「主体性」なのだろうか。自分で考えて行動する、失敗や成功を繰り返し、少しずつ、自分が何者で、何をしたいのか、何をすべきなのかをつかんでいく。声を上げ、行動する勇気や方法を身に付けていく。それが、高校で育むべき本来の主体性なのではないかと思う。

4．主体性の評価についての疑問

　部活動やボランティアなど教育課程外の活動が点数化されると、必然的に不利な立場に置かれる学校が出てくる。例えば、同じ地区にある小規模校では、部活動は四つ、野球部員は1名のみである。そのような中で大会での上位入賞は難しい。地域のボランティアも大規模校にのみ依頼されることが多い。教育課程外の活動は地域や学校の規模により機会に大きな差が生まれている。生徒の努力では変えられない事が点数化され、評価の対象になることには疑問を感じる。

　また、部活動での取り組みを点数化することの難しさも指摘したい。ひとつの大会で複数の金賞がでる文化部と、運動部の大会での優勝を同列に比較できるか。大会の主催団体は様々で参加人数が極端に少ない大会での上位入賞をどう扱うのか。レギュラーかどうか、どの学年での結果か等、判断が困難、かつ、判断の仕方によっては不平等が生じることも多い。

5．おわりに

　主体性の評価が叫ばれたことで、保護者や生徒が主体性の重要性を認識するようになったメリットは大きい。本校の今年度の1年生の部活動

加入率は93%(昨年度は87%)、ボランティアや講演会の呼びかけにも積極的に参加する生徒が増加した。動機がどうであれ、活動することで育まれる「主体性」もあるのだろうとは思う。

しかし、それと同時にその陰で起きている変化もある。それは、家庭学習時間の低下である。

図6 田名部高校 平日家庭学習時間の推移

本校の家庭学習時間調査の推移が図6である。11月考査2週間前から1週間調査し、休日も含む1日の平均を算出している。学年による変動はあるが、学習時間は明らかに短くなっている。主体的に「活動」はするが、主体的に「学習」をしなくなっているのだ。本来、最も育成すべきだった「学びに向かう主体性」が軽んじられている。「真面目」で「不器用」な生徒たちは、学ぶことに別れを告げ、目先の活動に時間を費やすようになった。インターネット等の使用時間の増加も相まって、明らかに「学びからの逃走」が起きている。それは、決して本校だけの変化ではないと思う。「主体的に」「主体性を持って」というのは方法論であって、高校生である以上は、基礎学力の形成が最初にあるべきだろう。真摯に学びに向かう時間があってこそ、その先に主体性の育成があるのではないだろうか。

主体性が必要であることには疑問の余地がない。しかし主体性を育成するために点数化し、直接、意欲に訴えかけることが、果たして教育的な活動と言えるのだろうか。表面化し、数値化できる主体性だけが求められ、時間をかけてゆっくりと生徒の中で形作られる「主体性」の萌芽のようなものを育む視点が失われているのではないだろうか。社会全体、何より家庭でこそ育てられるべき「主体性」を、学校教育のみに委ね、制度を変えることで簡単に促成栽培しようとしてはいないだろうか。

　我々高校教員は、改革に翻弄されて学校の中で教員にとって都合のいい主体性のみを求めることがないように心がける必要があるのではないだろうか。日常から、主体的に考えて発言する生徒の声にきちんと耳を傾けること。時間をかけて生徒の中にある主体的に行動する勇気の芽を育んでいくこと。教師自身も主体的であろうとすること。目に見える活動だけではなく、学力形成のために「学びに向かう主体性」こそ大事だということ。これらのことを見失わないように、自ら主体性をもって、生徒の主体性を育むことをしっかりと考えていきたい。

第3章 「主体性評価」導入をどうとらえるか
―― 「本当に大切なものは目に見えない」

石井　裕基（香川県立観音寺第一高等学校）

1. はじめに

　2021年度入試より、「大学入試センター試験」が「大学入学共通テスト」に変更となる。さらに、2017（平成29）年7月に文部科学省が公表した「平成33年度大学入学者選抜実施要項の見直しに係る予告」（文部科学省2017）では、各大学の入試区分も「一般選抜」「総合型選抜」「学校推薦型選抜」と名称が変わり、「一般選抜」においても「筆記試験に加え、『主体性を持って多様な人々と協働して学ぶ態度』をより積極的に評価するため、調査書や志願者本人が記載する資料等の積極的な活用」と謳われている。それに伴い「調査書の『指導上参考となる諸事項』の欄を拡充」という変更が施されることとなり、調査書の記載内容の入試における重みが今まで以上に増すことが予想される。

　調査書の記載者（多くの場合は、3年生の担任）が生徒の3年間の活動のどのような場面を「主体的な活動」と捉えるのか、その「主体的な活動」をどのように評価し記載するのかが、場合によっては生徒の合否結果に大きな影響を及ぼす場合もあるだろう。しかし「主体的な活動」とは何かと問われたとき、教員によって捉え方が様々であり、その評価も様々になるのではないだろうか。さらに、それらをどのように調査書に記載するのかは記載者の文章表現に委ねられ、大学側が調査書に記載されたり添付された資料を基に、生徒の「主体的な活動」を評価し合否判断の材料に使うことは難しいのではないかと考えられる。

　そこで、本章では高校教員が「主体的な活動」をどのように捉え、評価しようと考えているのかを、主に筆者の勤務校の教員を対象とした調査をもとに紹介し、読者と一緒にこの問題について考えてみたい。

2. 香川県立観音寺第一高等学校

　筆者が勤務する香川県立観音寺第一高等学校（以後、「本校」と表記する）は、「うどん県」「ヤドン県」のキャッチフレーズで知られる香川県の最西端、観音寺市に位置する、この地域で一番の進学校と目される公立伝統校である。1900（明治33）年に香川県立丸亀中学校三豊分校として創設されており、2019（平成31）年で120周年を迎える。戦後、昭和24（1949）年に香川県立三豊高等学校と同三豊女子高等学校を統合して現在の校名となった。第68、69代内閣総理大臣を務めた大平正芳氏の母校である。

図1　観音寺「ちょうさ祭」の風景
本校界隈にて筆者撮影（2018［平成30年］10月21日）

　本校が立地する観音寺市は昭和30年代と平成17（2015）年に周辺の町村を合併してできた約60,000名の人口を有する地方中規模市である。その歴史は古い。観音寺市のホームページによれば、奈良時代に弘法大師

が神宮寺に聖観音の像を安置して現在の観音寺を称するに至ったとされる。必ずしも観光化されたイベントではないので、全国各地で広く知られているわけではないが、毎年10月に行われる「ちょうさ祭（まつり）」は市を挙げての盛大な一大行事である。100名を超える若者が「ちょうさ」と呼ばれる重さ5トンにもなる山車を担ぎ上げて練り歩き、五穀豊穣や豊漁を祈願し平穏を感謝する盛大な祝祭である。祭は地区ごとに行われるが、各地区のちょうさの数を合わせると100を優に超える。故郷を離れて暮らす者も盆正月よりも出身地区の「ちょうさ祭」に合わせて帰省する。高校行事や試験日程も祭のスケジュールに合わせて調整しているほどである。一方、祭の賑わいとは裏腹に、観音寺市の人口は直近の7年間で市の人口の5％ほどに当たる約3,000名の減少となっている。地域は徐々に高齢化、過疎化が進んでいる。

　市内には国道、高速道路、JRが通っており、交通の便には比較的恵まれている。観音寺市内と北東にある人口約65,000名の三豊市が本校生徒の通学圏である。学校規模は1学年7クラスである。普通科に加えて2年次から理数科1クラスを編成している。1年生特色コースが理数科の母体となる。国公立大学の進学実績は合格者数で直近の3年平均が100名少しであるが、自宅から通える大学はないため、大学へ進学することはそのまま自宅、地域を去ることと同じである。

　本稿の主題である「主体性」に関わる本校の特徴的な活動としては、部活動と探究活動が挙げられる。進学校である割に部活動は盛んで、成果も出ている。例えば、昨年（2018［平成30］年）春には民放の番組で本校の陸上部の選手が2020年の東京オリンピック候補として紹介された。また、本校はスーパーサイエンスハイスクール（SSH）に指定されており、現在、2期目を迎えたところである。中心を担うのは探究活動である。普通科文系は「総合的な学習の時間」、普通科理系は「課題探究」という学校設定科目を設定して、探究活動を実施している。理数科では1期目から「科学探求」と称した活動を行っており、12月には米国との交流を行う海外研修も実施している。

3. アンケートについて

調査はアンケート形式で、2018（平成30）年5月に主として本校の教員を対象に実施した。回答者は33名である。質問項目の構成は以下に述べる通りである。

最初の質問は「日頃の生徒の活動の中で、生徒が『主体性』を伸長させていると思われる活動や、生徒の『主体的』な取組であると感じられる活動」についてのものである。「A．教科に関わる活動」「B．教科外の、校内での活動」「C．教科外の、校外での活動」の三つの場面に分けて自由記述式の回答を求めた。二つ目の質問は、最初の質問の回答内容に当たる活動が記載された調査書などの「書類による評価」に関わる意見についてである。すでに評価が行われている場合には、その情報の提供を求めた。三つ目が「主体性」を評価する大学入試に対する意見である。「その他」を含む6つの選択肢から選ぶ形で回答を求めた。最後に、同じ主題に対する自由記述での回答を求めた。

4.「主体的活動」とは何か

アンケートの回答結果から、教員が考える「主体的活動」とはどのようなものなのか、その様相について概観する。回答者の捉え方によって、千差万別の回答が得られた。

4.1 生徒の日常に見られる「主体的活動」

4.1.1 「A．教科に関わる活動」に関する回答結果

全部で57の回答が得られた。大別すると「授業内容への質問」「添削指導」「学び合いの活動」「探究活動」「受験対策」「民間試験の受験」などに分類されると思われるが、個別の事例は多種多様であり、実際にまとめるのは難しい。その上、教科によっては他教科とは異なる個別の特徴が見受けられる。

4.1.1.1　国語
授業内容に関する積極的な質問や要望、添削指導と学びあいの学習などに関連した事例が挙げられていた。

4.1.1.2　数学
別解の探索や自主学習、グループ学習に関わる教えあいの行動が挙げられていた。さらに、外部検定試験や数学オリンピック、コンテスト等への参加も見られた。また、問題を解くにあたって「『グラフを描くことが必要だと判断して、グラフを描いて、答えを導いた』こと自体が主体的な行動に当たるのでは？」といった意見もあった。

4.1.1.3　英語
難解な問題に関する探索行動や予習、グループ学習に関わる活動が挙げられていた。後者の例で受験に絡むものとして、以下のようなエピソードが紹介されていた。

　外国語系の学部を受験するにあたり、最初のうちは、担任が添削をしていたが、担任が介在せずALTに直接自分でお願いに行けば、「英会話」の練習もできることに生徒自身が気づき、同じような志望を持つ生徒を巻き込んで、放課後定期的にALTの先生を招聘して、自分たちだけで「英会話教室」や「添削指導教室」を『受講』していた。

その他、AO入試受験の条件となる外部試験の対策に関する活動も挙げられていた。

4.1.1.4　理科
実験やアクティブラーニングに関わるグループ活動、実験に関わる個人の活動、疑問点を積極的に解消するための活動が挙げられていた。

4.1.1.5　地歴・公民
受験対策に関わる活動、研究授業に関わるグループ活動が挙げられていた。

4.1.1.6 芸術
作品添削、鑑賞活動、表現活動に関わる例が挙げられていた。

4.1.1.7 家庭科
実習等に関わる活動が挙げられていた。

4.1.1.8 保健体育
体育実技におけるゲームの作戦立案、ゲーム以外の役割の探索、実技運動開始前の準備運動などのほか、健康問題にかかわるグループ活動も挙げられていた。

4.1.1.9 探究活動
文系課題探究における授業外の活動が挙げられていた。理系探究活動では、校外の研究者とのやり取りが挙げられていた。

4.1.2 「B. 教科外の、校内での活動」に関する回答結果
49の回答が得られた。「部活動」での自主的な活動、「生徒会活動」での企画・運営に関わる活動、「推薦入試・AO入試」に関わる活動などが挙げられていた。

4.1.2.1 部活動
顧問が原案を作った部活動の練習メニューを自分たちで改善したり、上級生の役割分担を話し合い、主将だけに負担や権限が集中しすぎないようにする、日々の練習メニューや競技会に関わる課題へのアプローチ、戦略や練習スケジュールの提案等が挙げられていた。文化系の部活動では、地元の小・中学生及びその保護者との交流イベントの実施も挙げられていた。

4.1.2.2 生徒会・HR活動
学校行事、特に文化祭においてクラスで一つのものを作り上げるために、役割分担・調整などを生徒たちが考えること、体育祭の生徒会企画種目の手配、運動会の応援などが挙げられていた。

4.1.2.3 その他
清掃やクラス委員などにおける与えられた役割を超えた創意工夫が挙

げられていた。大学受験関連では、推薦入試、AO入試などの面接や口頭試問で同じような学科を志望する生徒同士でお互いに練習すること、自分の進路に関わる分野の積極的な情報収集活動が挙げられていた。その他、ロングホームルーム（LHR）における活動や留学への積極的アプローチなどが挙げられた。

4.1.3 「C．教科外の、校外での活動」に関する回答結果

36の回答が得られた。「進路に関わる体験活動」、「ボランティア活動」、「地域交流」、「講演等への参加」などが挙げられていた。その一部には、部活動や生徒会活動の延長線上に位置づけられるものがある。

4.1.3.1　進路に関わる体験活動

教員が、「医療系希望者には地元の病院での実習体験、教員志望者には小・中学校での学童保育を特別支援学校希望者には特別支援学校での支援ボランティアなど様々なボランティアなどを積極的に参加するように勧めている」ことが「主体的な活動」として挙げられていた。ここでも受験に向けた情報収集が挙がっていた。

4.1.3.2　その他の活動

地域の市民活動センターの呼びかけに応じたNPO活動の手伝い、地元企業への訪問、個人参加のボランティア活動、講演会などへの参加が挙げられていた。

部活動で文化財協会主催のイベントのスタッフとして自主的に参加し、後日行われる別なイベントスタッフとして知識・技量を高めようとした行動、生徒会活動の延長として、地域の町おこし事業への参加が挙げられていた。

その他、香川県国際交流協会主催の瀬戸内国際芸術祭への参加における英語での国際コミュケーション、「お遍路さん」へインタビューし、四国霊場八十八か所の魅力について聞き取り調査をした、といった活動が挙げられていた。

4.2 「主体的活動」の評価方法に関する意見

前項で具体的に挙げられた活動について、調査書等に基づいて大学入試で選抜に用いられる場合、どのように評価されるべきかについての意見を聞いた。表形式の様式の中で、適切だと思われる評価方法の欄に一つだけ○を記入する形式で回答を求めた。

結果は表1に示すとおりである。

表1 「主体的活動」に対する適切な評価方法

評価方法 活動	数値による評価		文章による評価	評価できない	無回答
	到達度評価	相対評価			
A. 教科に関わる活動	7人 (21.9%)	3人 (9.4%)	12人 (37.5%)	9人 (28.1%)	1人 (3.1%)
B. 教科外の,校内での活動	0人 (0.0%)	3人 (9.4%)	20人 (62.5%)	8人 (25.0%)	1人 (3.1%)
C. 教科外の,校外での活動	0人 (0.0%)	0人 (0.0%)	20人 (62.5%)	8人 (25.0%)	4人 (12.5%)

「A教科に関わる活動」については、「文章による評価」が38%と最も多く、次に「評価できない」が28%、「数値による到達度評価」が22%と続く。「B教科外の、校内での活動」と「C教科外の、校外での活動」については、ともに「文章による評価」が63%と最も多く、次に「評価できない」が25%となり、「数値による評価」と回答した人は1人もいない。すでに「総合的な学習の時間」の評価方法として、「文章による評価」が採られており、それにならったものとも考えられるが、「評価できない」と回答した人がどの項目も一定数いることに評価することの難しさが感じられる。

具体的な評価方法に関する自由記述を求めた結果は以下のとおりである。

4.2.1 「A. 教科に関わる活動」に関する評価方法

教科・科目の特性に応じて、様々な意見が寄せられた。

国語では「賞状、活動記録（時間、内容）がわかれば、文章で評価を書

第3章 「主体性評価」導入をどうとらえるか

くことはできる」とした一方で、「他の生徒とどのくらい到達度が違うのか」を明示するのが困難という意見があった。また、「高校側が主体性を評価する必要はない。大学側が面接を通して主体的に評価をすればよい。」という意見も寄せられた。英語では、将来的に「Can-doリストを作成し、教科担当者や本人の自己評価をもとに成績を評価」する時代が到来するのではないかとの意見が寄せられた。地歴でも、国語と同様に評価結果が他人と比較できないことへの懸念が見られた。

　一方、受験科目とされることが少ない教科では、比較的積極的な意見もみられた。芸術では、「作品の書き始めから完成までの軌跡が分かる振り返りシートを準備し、毎時間の終わりに生徒に記入させる。最終的には相互鑑賞、自己評価をし、100点満点で自分の作品を評価させる。」といった生徒本人の自己評価に基づくアイデアが寄せられた。また、体育ではすでに「貢献度を表す相互観察シートを用いて、技能面以外の項目について評価」といった形で、生徒間の相互評価を取り入れているとの回答があった。保健では「定期考査に記述式の問題」として行っているとの回答があった。

　また、課題研究では、発表における「発表会やコンテスト」の名称と受賞内容を記入する、との回答があった。

4.2.2 「B. 教科外の、校内での活動」に関する評価方法

　積極的な意見としては、「体育祭や文化祭の感想を書かせ、頑張ったこと、工夫したこと、反省点などを記入させる」、「様々な活動に参加したものの記録と感想を担任も生徒も記録しておき、指導要録を書くときや面接練習をする際に使う」といったものが見られた。また、コンテストでの評価を例に挙げた回答があった。

　その一方で、「戦績や業績といった客観的な証明や証拠があれば主体性が優れているということのなるのだろうか？」「戦術理解や実力の伸びをどうやって共通化するか思いつかない」「賞状、活動記録（時間、内容）がわかれば、文章で評価を書くことはできる」が他の生徒との比較が困難、

「順位など、客観的に評価できるものではない」との意見が寄せられた。

　教科に関わる活動と同様に「高校側が主体性を評価する必要はない」との意見もみられた。

4.2.3 「C. 教科外の、校外での活動」に関する評価方法

　全体的な意見の傾向としては前項の「校内での活動」と同じだが、「校外での活動の場合、評価対象となる情報が必要だけ入ってこない」という意見があった。その一方で「地方新聞に記事が掲載」されるとの指摘もあった。

4.3 「主体的活動」を評価する入試に対する意見

　この質問に関する選択肢は以下のとおりである。

ア．部活動や課題研究の取組の成果を入試に活かすためにも必要なことである。
イ．学力だけではなく、主体的に関わっていく力を身につけることは大切であり、その取組を評価される入試は必要である。
ウ．主体的な取組を入試の評価に利用してほしいが、受験生間で評価に差をつけることは難しいと思われるので、参考として利用する程度にしてほしい。
エ．「主体性」は生徒の成育歴など内面に関わる部分であり、育成することは大切であるが、それを入試に利用することは相応しくない。
オ．大学の過去問対策と同じく、その大学に合格するための様々な活動に「主体的」に取組む生徒が現れ、同時に、合否に関わらない活動には参加しないようになることが予想されるので、それを入試に利用することは相応しくない。
カ．その他（　　　　　　　　　　　　　　　　　　　　　　　）

第3章 「主体性評価」導入をどうとらえるか

最も多かったのは、「エ．『主体性』は生徒の成育歴など内面に関わる部分であり、育成することは大切であるが、それを入試に利用することはふさわしくない。」という回答であり、全体の36%を占めた。次に多かったのが、「ウ．主体的な取組を入試の評価に利用してほしいが、受験生間で評価に差をつけることは難しいと思われるので、参考として利用する程度にしてほしい。」という回答で27%であった。3年間の教育の中で、主体性を育成することの大切さは多くの教員が認識しているが、それを評価し入試で使われることへの抵抗感がこの結果に表れたと考えられる。

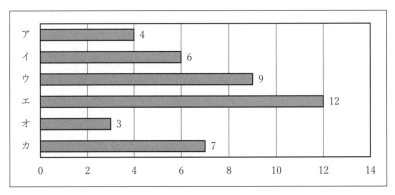

図2　「主体性」を評価する入試に対する考え

なお、「カ．その他」には以下のような回答が寄せられている。

・各大学の基準で、面接においてのみ、評価項目として扱うのが良い。
・日本の高校生に「主体性を身につけること」が必要とされているのならば、国の施策として大学入試の中に取り入れるのは是認（過去に「ボランティア活動」が定着）。高校現場の混乱、多忙化を別に考えると（ウ）に近い。（オ）の懸念もあるので、十分検討や対策を実施した上での実施が求められる。
・「主体性」が発露する局面は、クラス、部活動、校外団体の集団的な雰囲気が大きく影響している。一人ひとりの主体性を個別に

捉えようとする評価は、実態に沿っていない。
- 主体性を発揮できる機会が多い環境にある子と少ない子がいる。
- （ア）〜（オ）のすべてに○と×をつけたい気がする。
- 必要な学部（特に、医学部や高偏差値の大学・学部）については、このような「主体性」の評価があっても良いと思うが、多くの学部で、その生徒自身の評価があいまいになる。日本の「全て〜する」か「全く〜しない」というどちらかの意見だけという風習に添うことなく、各大学が必要を感じる入試をすべきでは？
- 主体的に関わっていく力を身につけることは大切であり、それを文章で評価することも可能であると思うが、入試の客観性・公平性を考えると数値化が必要。それは、大学が丁寧な面接をすることでのみ可能になると思うが、今以上にその枠を広げる必要ない。「ペーパーテスト」の中身の検討は必要だろうが「ペーパーテスト重視（努力の指針となりうる客観性）」で良い。

　アンケートの末尾で「主体性」を大学入試で評価することに対する意見を自由記述で求めた。回答にはかなりの量の記述が得られた。ここまでの意見となるべく重複しない範囲でかいつまんで紹介する。
　まず、「主体性」とは何か、という定義に関わる意見である。「主体性」を「independence（独立性）」と考えれば、「言われていないのに」「率先して」「こちらの期待以上に」することが主体性であるが、「評価する」というメッセージを発した段階で「主体性」の概念と根本的に矛盾する。一方、「Autonomy（自律性）」ならば、明示される前に評価者が期待する行動や意思を持っているかどうか、という概念なので、評価可能かもしれないが、「評価する」というメッセージを発した時点で破綻する。「入試の就活化」が進む。結局「自己プロデュース力」を測るだけになる。同様に活動が本当に「自ら」なのか「入試のため」なのかは判断できない、という意見が寄せられた。
　「主体性評価」の持つ負の波及効果に対する懸念に焦点を当てた意見も

第3章 「主体性評価」導入をどうとらえるか

寄せられた。入試で主体性を評価するとなれば生徒は「入試のための主体性」を追ってしまう。大学が提示するアドミッションポリシーに近づくために活動を選択し、実績を作り、そこから成長していく自分を創造していくが、その過程を「主体的」と呼べるのか、という意見である。すでにそれらの活動が「合格のための手段」となっているのが現実、という意見も見られた。一方、「勉学に勤しみ、成績が優秀である生徒も主体的である」という見解も寄せられた。

　評価方法の困難さに触れた意見も多数寄せられた。「周りより突き抜けて主体的に活動する事実があれば評価されても良いが、何が突き抜けて優れているかの判断が難しい。」「主体性というより、主体性をアピールできる表現力のある生徒への評価が高くなる。」といった懸念である。より技術的な観点としては、「文章で評価」する場合、「表現の方法や基準が曖昧であること」「学校間で差が生じること」が懸念材料として挙げられた。「主体性を数値化するのは困難、文章による評価は差別化しにくい。面接で、面接官が主観的に判断すべき項目だが、客観的に主体性をはかるのは不可能。したがって入試に公平性を求めるなら取り入れるべきではない」という意見も同様に評価方法の技術という観点からの意見である。一方、「しっかりと主体性をもって生活している生徒はその内容を自分で書けるはず」という意見も見られた。

　「評価は大学が判断して行うべき」という意見もみられた。「従来のAO入試をベースに、面接方法や講義の受講の様子などで主体性を測れるのではないか」といった意見である。一方で、「あまりにも急激な変更は混乱を招き、受験生の間での合否の客観性がそこなわれるので、主体性評価は参考程度にすべき」という意見が寄せられた。さらに、大学に求める姿勢として「主体性があるから合格させるのではなく、入学した生徒の主体性を育てていくべき」という意見が見られた。

　最後に、様々な意見の中でも代表的かつ典型的な事例として、自由記述に寄せられた意見を一つだけ、原文のまま紹介することにする。

私は、担任や部活動の顧問、生徒会の担当をしていて、主体性は「具体的な目標と、責任感のもとに育つ」と感じています。目標を設定し、それを達成するためには何をしなければならないのか、いつまでにそれをしなければならないのか、そのためには何が必要で、誰の協力が必要で、これから何を計画・実践しなければならないのかを想定する。そして、それを自分が中心となって成しとげるのだ、という責任感・自覚を持つこと。それらが整えば、生徒は自ら動き出しています。その思考や活動の過程こそ、主体性が発揮された場面ではないでしょうか。このような過程が伴う活動であればよいのですが、評価されることが前提となった場合に、活動が表面的なものになってしまわないかという懸念があります。

　主体性とは、「なりたい自分を持ち、そのために自ら行動していく力」だと私は考えますが、高校生にとって、確固たる「なりたい自分」をもって、そのために行動していくというのは簡単ではないと思います。大学のアドミッションポリシーは、求める学生像の提示のみを役割とするのではなく、高校生が「なりたい自分」を持つための参考であり、人が人に憧れを抱き、近づこうと行動するように、目指すべき方向の道しるべとして存在してほしいと考えます。主体性を評価することに関しては、慎重にさまざまな意見を考慮した上で、提示してもらいたいと思います。

5. おわりに

　筆者自身、自らの経験にことよせて様々な場面を思い描きながら、同僚たちの意見を伝える媒介となる役割を取らせていただいた。それをこの場で一つの文章に収斂させようと試みるのは、筆者の任を超えたものだと思う。

　まとめの代わりに、副題にも掲げたサン=デグジュベリの名言に、共に働く同僚とともに筆者の想いを仮託して、本章を閉じたいと思う。

　　「本当に大切なものは目に見えない」（『星の王子様』より）

【文献】

文部科学省（2017）「平成 33 年度大学入学者選抜実施要項の見直しに係る予告」，http://www.mext.go.jp/a_menu/koutou/koudai/detail/1397731.htm（閲覧 2018/11/30）.

第4章　討議

　本章は、平成30（2018）年5月21日に開催された「第28回東北大学高等教育フォーラム　『主体性』とは何だろうか　―大学入試における評価とその限界への挑戦―」の討議（ディスカッション）の中から、本書に関係が深いと思われる部分を編集担当者（倉元）の責任において抜粋し、加筆修正したものである。

　討議における登壇者は、フォーラムの基調講演者であった西郡大氏（佐賀大学アドミッションセンター教授、本書第Ⅰ部第3章執筆者）、千葉栄美氏（青森県立田名部高等学校教諭、第Ⅱ部第2章執筆者）、石井裕基氏（香川県立観音寺第一高等学校教諭、第Ⅱ部第3章執筆者）、有山智雄氏（開成中学校・高等学校教諭、第Ⅱ部第1章執筆者）、宮本友弘氏（東北大学高度教養教育・学生支援機構准教授、第Ⅰ部第1章執筆者）の5名、司会は倉元直樹（本書代表編者、第Ⅰ部第4章執筆者）、秦野進一氏（東北大学高度教養教育・学生支援機構特任教授）の2名である。

　詳しくは、報告書（東北大学高度教養教育・学生支援機構 2018）をご参照いただきたい。

1. フォーラムの主題と講演の概要

　司会（倉元直樹　東北大学）発言概要

　高大接続改革の中で「主体性」ということばの解釈は多義的である。その一方で、それを大学入試で「評価する」という方向性は決まっている。ところが、これまでそもそも「『主体性』とは何か」という議論をしてきた記憶がない。

　「選抜尺度の多元化」、すなわち、学力検査以外の評価方法を大学入学者選抜に導入することは、文部科学省の伝統的な大学入試政策の流れに位置づけられる。その中で、今、「主体性評価」が課題として提示されて

いる状況だ。例えば、調査書の評価を大学入試に導入することは、少なくとも、1971（昭和46）年に出された「四六答申（中央教育審議会1971）」ではかなり強く言われていた。また、戦後すぐのGHQ主導の教育改革では、大学入学者選抜方法における三本柱の一つと位置付けられていた。それでも調査書の積極的活用が実現してこなかったのには理由がある。それは、ポートフォリオを導入にすれば可能になるといった類の話ではない。より根本的な原因がある。その議論を抜きにして「とりあえず『主体性』を評価しよう」となったとき、このまま突っ走っても良いのか、いささか疑問が浮かぶ。一度、「主体性」について、大学入学者選抜の視点から問い直してみよう、というのが本フォーラムを構想したきっかけであった。以下、各登壇者の講演を要約する。

　西郡先生の講演では、「主体性」に対する考え方が様々ある中で、基本的には「行動を評価するか」「プロセスを評価するか」という視点が提示された。さらに、実際に大学入学者選抜で「主体性」を評価する際には、高校教育に与える影響を考慮して合否ボーダー層に対して重点的にいわゆる「主体性評価」を行う仕組みを構想しているということであった。

　千葉先生の講演では、極めて環境的には恵まれていない学校、すなわち、その地において進学できる高校の中で現実的な進路として大学進学を考えられる唯一の高校の話であった。限られた条件の中で、様々な取り組みをしながら、教える側の教員を育成し、さらに生徒の活動を様々な形で「自主性の実績」につなげていく努力をしながら、進学実績も上げてきた、という話であった。

　石井先生の講演は、仙台からは遠方に位置する四国の地方の学校で行われている様々な活動についてのお話であった。そのうち、何が「主体性」に結びついているのかという視点での整理をいただいた。

　有山先生の講演は、両校とは対照的に東京の有名私立進学校の事例であった。生徒は「指示待ち勉強」の連続の中で入学してくるが、入学後には極めて生き生きと「主体的活動」を行っている。それでは、その中で「主体性の評価」をどうするべきか、というような話題であった。

宮本先生の講演は、東北大学の入試制度の意義を心理学によってひも解く内容であった。心理学における自我同一性の理論の中で「主体性」を考えたとき、「第一志望」の意義を自我同一性の中の「キャリア展望」に位置付けると、実は、現在の入試の仕組みの中ですでに「主体性」が測られている、との主旨であった。
　それでは、補足をお願いしたい。

西郡大（佐賀大学）発言概要
　自分の講演の後、各登壇者の話題提供から主体性は評価しない方が良いのではないかと感じた部分がある。「本当に評価したいものは、すべきではない」との発言もあった。個人的には、主体性というもの自体を育成することが可能なのかという点も含めて、難しい課題であると改めて感じた。しかし、政策的に進められている中、どこに着地点を見つけるのか、こういった機会に知恵も出し合いながら、建設的な議論が必要になる。主体性には人それぞれ思い入れがあるので、すり合わせをして評価する時にどうすべきなのか、今後の議論を通して考えたい。

千葉栄美（青森県立田名部高等学校）発言概要
　私が発表した田名部高校の事例を見て「すごい」と思われた方がいるかもしれないが、青森県の高校はどこでも同じように、もしくは、より素晴らしい実践を行っている。地方の高校は圧倒的な少子化の中で学校再編と教育改革の波にもまれながら、誰も取りこぼさない教育を必死で行っている。特別な事例ではないということだけ、申し添えたい。

有山智雄（開成中学校・高等学校）発言概要
　主体性の評価が難しいのではないかと講演の中で述べた。評価することは、基準を持ち込むことになる。「A君が主体的だ」となると、一方で主体的と認めてもらえない生徒が出る。その生徒が意気消沈するとつまらない。評価を持ち込むことにより、生き生きやっているところに枠を

はめるようなことになっては、本末転倒になりかねない。評価が必要だとしても、マイナスに働かないように気を付けることが必要だと感じた。

　石井裕基（香川県立観音寺第一高等学校）発言概要
　心の内面のことを評価することは非常に難しいということが結論。皆が納得できる方法を皆で考えられるとよい。

　宮本友弘（東北大学）発言概要
　東北大学の場合、AO入試の中である程度主体性について評価できていたと思う。しかし、「主体性とは何か」と問われたとき、明確な定義は難しい。様々な指標を通して分析的に捉えるというより、全体像で捉えているイメージがある。米国であれば、Holistic Reviewを用いている（樫田ほか2018）。分析的に様々な要素の得点を合わせるのではなく、全体像で捉える方法である。それが適切とは限らないが、そういう方法でAO入試ではきめ細かく見ることができたが、一般入試の規模まで拡大した際に同様にきめ細かい評価が可能なのか。コスト的、技術的ハードルが高いのではないかと思う。

2. 評価することによる行動への影響
　司会（秦野進一、東北大学）発言概要
　高校の先生方3名の現状報告では、異口同音に「主体性を評価するとなった段階で、生徒の行動が影響を受ける」あるいは、「意味合いが変わる」という指摘があった。そこで、大学の先生方2名に対する会場からの質問を2問取り上げる。第1点目は「AO入試に有利だから生徒会や部活動の部長を引き受けるというような動機は他律的と考えられるかもしれない。しかし、合格のために必要だと、自ら価値付けをして行動するならば、自律的と言えるのではないか。」という質問である。第2点目は「評価に合わせて行動が変容することを回避する手立て、あるいは、本質的な学びの追求、生徒の育成のためのヒントはないか。」という質問で

ある。いずれも、宮本先生、西郡先生双方からの回答をお願いしたい。

宮本友弘（東北大学）発言概要
　最初の質問については、その通りである。ただし、動機づけを考慮すると、内発的な動機付けには「自律」「他律」と同時に、「目的」「手段」という観点がある。「手段」として自律的に行動した場合と「目的」として自律的に行動した場合では、大学入学後の学習への取り組みの姿勢に違いが現れる可能性がある。

　次の質問について。最近の研究において動機づけは「内発的」「外発的」の二項対立ではなく、両者に連続性があると考えられるようになった。最初は「叱られるから勉強する」、次は「恥ずかしいから勉強する」、その次は「役立つから勉強する」、最後は「面白いから勉強する」というように4水準で変化することが知られている。「自分にとって価値がある」「役に立つ」という思いを抱かせることが、非常に効果的だと言われている。「その先にある、面白い」という境地にはなかなかたどり着けない。

　逆に、物事を始める時に、「面白さ」で始まることがある。しかし、「やり始める動機」と「やり続ける動機」は異なる。「やり続ける動機」を持つには、価値を見出すことが重要である。その意味では、「手段」として自律的に取り組むことの根本に本人が価値を見出しているならば、それは「自律的」と言うことができる。

　以上、心理学的な観点からの話である。

西郡大（佐賀大学）発言概要
　どれぐらいの影響力を大学入試の評価に持たせるかという点と関係してくるのではないか。例えば、1,000点満点のうち、配点400点の評価があるなら、致命的な影響力になるかもしれない。しかし、1,000点のうち20〜30点程度の評価であれば、その影響で行動が規定されるかどうかは疑問である。明確な根拠があるわけではないが、どの水準まで入試で評価するかを示せば行動が規定されるか、どれぐらいの影響力を持たせ

るかという位置付けで、手段のための行動には、変化があるのではないかと考える。

3. 主体性の育成と教員の関与

司会（倉元直樹、東北大学）発言概要

関連して「高校側で生徒の『主体性』を育てる、伸ばすことに関して、どういったことがなされているのか」という質問があった。

当初、主体性評価が導入されるということで高校側が困っているのではないかと推測した。開成高校の有山先生にご連絡したところ、「特に困ったことはない」との回答であった。そして、「東京の私立中学で、『主体性評価』への対応を目玉にして、生徒を集めようという動きが始まっていると側聞している。開成高校にも影響があるのではないか？」とお尋ねしたところ「そういう話はほとんど聞いたことがない」ということだった。他方、田名部高校では、「主体性を育てる」ということで、10数年来、相当の労力を注いでこられた実績がある。

田名部高校千葉先生と開成高校有山先生に、具体的な質問が出ている。田名部高校の「THE プロフェッショナル[1]」の件に関して、「生徒たちは、どの程度、自分たちで実施しているのか。講師の接遇や準備は全て生徒に任せるのか」という質問である。逆に言えば、教員がどう関与するのかという質問と思われる。もう一つは開成高校の運動会[2]についてである。「どの程度まで生徒主導なのか、係の立ち上げやメニュー決定等に教員が関わっているのか。教員の仕事は何なのか。」という質問である。

千葉栄美（青森県立田名部高等学校）発言概要

「THE プロフェッショナル」の一番の問題点は、参加を希望する生徒が固定化していることにある。例えば、司会を募ると3回連続同じ生徒が司会をするというようなことになる。そうなれば教員はほとんど手を加えないが、新しい生徒が担当の場合には、ある程度レールを敷いて具体的なことを指示しなければならない。それが現状である。

講師を選定し、交渉するのは教員が行っている。ただし、生徒の中から講師に対する要望が出ることもあり、今年はそれを実現させる予定である。

有山智雄（開成中学校・高等学校）発言概要

開成高校の運動会は、生徒が完全に自分たちで実施している。競技種目の決定も、運動会審議会という組織を作って、半年ほど前から議論を始める。会議の時期も、毎年、先輩が行ったものを見て、生徒が時期を判断している。棒倒し、騎馬戦などの激しい競技の怪我対策は非常に大きなテーマになる。そのようなことに関しては、教員も生徒に対策をしてほしいと伝えるが、具体的なルールは生徒に一任されている。最終的な承認は教員が行うが、生徒自身はそれも任されていると思っている。そして、先輩の姿を見て、次は自分だと考えている。そういう形で引き継がれている。

石井裕基（香川県立観音寺第一高等学校）発言概要

私が指導した和歌山県の「スポーツデータ解析コンペティション」の最初のきっかけは、優勝賞金である。掃除の時間に「賞金を貰いに行こう」と声をかけたところ、5名が集まった。テーマは「観光客を増やす」というものであった。観光客を増やして町を活性化するために自分たちが町に入って活動していく中で、あるいはデータを集めて分析していく中で、自発的に主体的に動いて町の地域活性化を目指すグループといつの間にか相談をして、自分たちが考えたアイデアの実現に向けて行動するようになった。最初のきっかけは確かに賞金だったが、生徒はそれを基に取り組んでいく中で、面白さを感じ、やりがいを感じ、主体的に行動するようになった。

7月の祭の一角で「いりこグランプリ」という創作料理コンテストを考えたときには、実現のために漁師に話を聞きに行ったり、材料となるいりこを提供してくれるように漁師に頼みに行くなど、実現に向けて生徒たちが自分で動いている。

4. 高校における課題とその克服

司会（秦野進一、東北大学）発言概要

高校の先生方への質問について。

千葉先生には「積極性と主体性はイコールではない」という話があったが、具体例を挙げて説明してほしい。

石井先生には「学びの課程、プロセスを入試で測る」というのはどのような評価方法か。

有山先生には、「指示待ち型の勉強からの卒業」ということについて、具体的に指導内容を教えてほしい。宿題をこなす勉強から、自分で学ぶ勉強へと転換させるためにどのような工夫をしているのか。

千葉栄美（青森県立田名部高等学校）発言概要

積極性は、主体性と同じではない。ただし、積極性の中から主体性が出てくることはあるし、主体的な生徒が積極的であることもある。ただ、積極的に「○○をやりますか？」と言ったとき、「これをやることが求められているのだろう」と考えて、常に挙手する生徒がいる。しかし、何回手を挙げても、学校生活の中に自分で考えていないことが分かる場面が見られる。

石井裕基（香川県立観音寺第一高等学校）発言概要

学びのプロセス、過程をどう評価するかというは、正直に言うと、私には分からない。ただし、以下のようなことを実践している。

例えば、定期テストがあったとする。その定期テストが採点されて返却されたとき、「間違いノート」を利用する。そこで何が間違っているのか、テストのどの部分で間違いだったのか。それをきちんと分析させて次のテストに活かしたり、日々の授業や取り組みでどういう点を改善すれば点数が上がっていくのか考えさせている。記録を残しておくことが必要だ。一種のポートフォリオと考えられるが、それをどう評価するかは別だろう。もし、入試で「学びのポートフォリオ」の提出が求められた

場合、私は生徒にはその「間違いノート」を大学に提出しなさい、と指導するであろう。評価は大学に任せる。

有山智雄（開成中学校・高等学校）発言概要

「指示待ち型の勉強」からの脱却が、本校ではまるで皆が達成できているかのように聞こえたかもしれないが、これは非常に大変なことである。大多数の生徒が小学校時代、あるいは高校から入ってくる生徒は中学時代、何年間も塾に通っている。塾ではものすごい量の宿題を出されてそれをこなす形で勉強し、その結果、合格する。そういう経験をしてきている。

本校では宿題はあまり出さない。普通に授業を受けて、評価を受ける状況が定期考査までない場合もある。「日頃の勉強は一体何をすればいいのですか？試験前は何をすればいいのですか？」そういう質問をする生徒もいる。保護者にも「うちの子どもは勉強しないので、先生、宿題を出してください」というようなことを言ってくる人もいる。学校全体として方針を定めたわけではないが、私は「とにかく授業を受けていれば、何が試験に出るかは分かるでしょう」と言うことにしている。それをきちっと準備することが大事だ、という話をする。とにかく、自分で勉強の計画を立てることが大切だということを繰り返し伝える。

「成績が落ちたから塾に行こうと思います」という生徒も時々現れる。しかし、そうやって塾に行って何とかなったケースが少ないという事実も伝える。塾を否定するわけではないが、塾に頼った生徒は、大抵うまく行っていない。そういう話をひたすら繰り返して伝える。「自分できちんと勉強する」空気感をどうすれば醸成していけるのか、そういうことが大切だと考えている。あとは、自分でしっかり勉強する。

塾で「勉強の仕方が分かった」というようなことを言った生徒がいた。そういう生徒を間近に見ると、勉強の仕方とはどういうものなのかを学ぶきっかけにはなっている。そうは言っても、大学受験でも手取り足取りやる塾があるので、残念ながらそれに頼る生徒もいるのが実情かもしれない。

5. 主体性評価と表現力

司会（秦野進一、東北大学）発言概要

2名の大学の先生方にうかがいたい。大学入試における主体性の評価にあたり、「主体性」ではなく、「主体性を自己PRできるかどうか」という「表現力」の評価になってしまわないかという質問である。そうならないために、大学側で気を付けるべき点は何か？

西郡大（佐賀大学）発言概要

例えば、本人が書類審査等で主体性をアピールするとなると、文章表現力は評価する側の印象に影響するのかもしれない。しかし、根拠資料との突き合わせは可能である。きれいな、ものすごく整った文章でアピールしていて、メッセージとしては伝わってくるが、成果物やそのプロセスで得られた資料も一緒に提出させて、書いてあることと整合しているならば、ある程度の評価はできる。根拠資料や参考資料の幅も、今後、大きく情報量としては広がると考えている。確かに、文章の巧拙、アピール力の有無も影響するかもしれないが、今後は紙で評価する時と比べてやりようが出てくるのではないかと思う。

特に大学関係者には経験的に理解できるかもしれないが、大学の法人評価や多様な入試の評価においても、口当たりの良いことをきれいな文章で書いても、根拠資料がしっかりとしていなければ評価されない。そういったことも考えると、最初はうまく行かないかもしれないが、ある程度、経験を積むことによって整備されるのではないかと期待している。

宮本友弘（東北大学）発言概要

評価する能力が、結局、表現力になってしまうのか、ということだが、AO入試の評価の現場を観察した経験から言うと、非常に上手な文章で書かれていても、それがそのまま高く評価されるほど、大学教員は愚かではない。仮に類稀なる名文で書かれていたとしても、求める事実が全然書いていなければ、評価基準に照らし合わせて高い評価は得られ

ない。基準を明かすことはできないが、表現力の勝負になることはない。

6. 求める学生像、評価してほしい生徒と主体性評価

司会（倉元直樹、東北大学）発言概要

　大学が欲しい学生像、それから、高校側がどういった生徒を評価してほしいのか、ということに関連した質問を紹介する。

　西郡先生に対して「アドミッション・ポリシーとのマッチングを見る時に、ボーダーの学生だけでよいのか。成績は良いが、マッチングしない学生も多いように思う。」という意見が寄せられている。基本的に入試の成績が合否ぎりぎりのところを見るという考え方では、アドミッション・ポリシーに合致した学生が取れない可能性があるのではないか、という質問と思われる。

　宮本先生に対しては「アドミッション・ポリシーを示すだけで、主体性がある学生が受験するという理由、ないしは、メカニズムをもう一度説明して欲しい。今の入試で『主体性』の評価が担保されているという前提で、AO入試が30％に拡大されたとき、本当に『主体性』を担保できるのか？」というご質問が寄せられた。

西郡大（佐賀大学）発言概要

　「成績は良いが主体性がない学生が合格する可能性があるのではないのか」という疑問は、その通りで、制度的な構造上、そういった学生も入学してくる。しかし、主体性を優先して評価した場合、今度は学力が不足した学生も入学してくる。この問題について、どちらを優先するかを考えた際、確実に安定した技術で評価できるものを前提に、入学後の学習について行けるミニマムを評価するならば、まずは共通テスト、個別学力検査、そういった部分をしっかり担保して、受験生にとって納得性のあるものを優先させることが重要だ。その上で主体性を評価した際、どうしても入試制度の配点等の構造上、ボーダー層だけにしか影響力が生じない。もし、主体性までしっかり評価するのであれば、主体性評価

が持つ影響力が格段に上がる。そうすると、先ほどから問題になっている公平性の問題や評価が本当に主体性を測っているのかどうかなど、そういった問題を確実に乗り越えなければいけない。それができない段階では、共通テストや個別学力検査を優先にして、それにプラスして、配点としてはそれほど大きくはないが、主体性評価の加点分を加えれば、結果的にその対象層がボーダー層となる。

もう一つ付け加えると、考え方としては、全ての受験生を書類審査した際に、合否に影響が及ばない層が評価対象から外れることになる。任意の得点ラインを決めて「これから上は評価しない」と言っているのではなくて、全員評価した際に合否に影響が出ない層を外したボーダー層を評価していることを付言しておきたい。

宮本友弘（東北大学）発言概要
1点目の質問は、アドミッション・ポリシーを示すだけで良いのか、という内容だったと思う。講演で示したアドミッション・ポリシーは、大学全体としてのものである。各学部のアドミッション・ポリシーの中に、「こういう人が欲しい。その人を評価するためにこんな方法を取る。」といったようなことが書かれている。その中に、かなりのメッセージが込められている。詳細は明らかにできないが、アドミッション・ポリシーは、実際に選考する時にも非常に重要である。様々なものを判定、評価していく時、アドミッション・ポリシーと照合する行為がある。したがって、そこにどのようなメッセージが込められているのかを読み取っていただきたい。

2点目の質問は、AO入試を30％に拡大した際に主体性の評価を担保できるのか、ということについてであった。現状のようなきめ細かさは徐々に難しくなっていくのは、予想できる。ただし、「主体性がある」という現象がどういう指標に反映されているのかという問題がある。先述のように、東北大のAO入試の場合は、1つの軸としての学力の中に主体的な学習行動が反映されているという想定が、当然なされている。今後、

30%まで拡大したとしても、研究大学として求める学生像の基本は変わらない。そうすると、まずは、学力を頑張って付けていただきたいというのが、今の段階で率直に言えることである。

　主体性が何に反映されているのか、書類等々については、今後、検討していく段階である。あまりはっきりと明言できないこともあるので、これでお許しいただきたい。

　司会（倉元直樹、東北大学）発言概要
　この場では「学力の中にも『主体性』は反映されている」という前提で話をしている。いわゆる学力検査で測られる成績という指標は「主体性」をも含み込んだ形での評価になっている、と考えている。そのことを前提とした話になっている。

　それに対して、「総合的・多面的評価により、知識偏重入試からの脱却を図る中、高校の先生方には大学にどういった力を評価してほしいと考えるか」との質問が寄せられた。質問者の意図は明確には分からないが、「どういった力」ということばの中には、現在の制度の中で主要な選抜資料となっている学力検査によって測定される能力も含まれているのだと思う。それに現在迫られている「主体性」そのものを何らかの指標で直接評価するというような試みも含めて「どういう力をどういう方法で評価してほしい考えるか」という質問であると理解した。3名の先生方にそれぞれ、お答えいただきたい。

　千葉栄美（青森県立田名部高等学校）発言概要
　今のままではダメなのだろうか。主体性を評価することがダメだと思っているわけでは全然なく、今、推薦入試やAO入試で、様々な活動を一生懸命行い、意欲のある生徒が手を挙げて受験し、自分のやったことを伝えて評価してもらっている。一般入試では、主体的に一生懸命勉強を頑張って、色んなことを考えて、そのうち大きく花開く生徒が、学力試験で選ばれていく。私はそれで良いような気がする。したがって、

大学に新たに何かを求めることはない。

　高校側の視点に立つと、私は「1,000点のうちの30点だから良い」ではないような気がする。割合の問題ではなく「一般入試全てで主体的な活動を点数化する」と言われた時点で、不器用な生徒や、そして、不器用な私たち教員は「やっぱりそれが大事だ」となる。今でさえ、学習時間がどんどん低下しているのに、それがおかしな形で伝わると、生徒たちは「では、ボランティアに5回出ればよいのだな」などと、理解してしまわないかが心配だ。それを止めるのは、おそらく、高校教育の責任なのではないかと思う。

有山智雄（開成中学校・高等学校）発言概要
　新しい基準を持ち込むことによって、果たして合格する生徒が変わるのかどうかということを、我々教員同士で話す機会がある。結局、合格する生徒は適応力がある生徒である。「学ぶ力」というのは、「適応力」なのではないかと思う。高校生を送り出す側として大学入試の選抜に求めたいこととしては、客観性がきちんと担保されていることだ。そうでなければ困る。

　入学試験というのは、大学がどういう能力を求めているのかというメッセージとしての性格が強いのではないかと思う。したがって、「主体性」というものを求めているのだというメッセージが出されることで「自分はそういう点は弱い」と思う生徒は、もしかすると他の大学を受けるかもしれない。

　本校は私立の学校なので、入試問題を自分たちで作る。一体、どういう観点でどういう試験を実施して選抜するか、ということを考える。高校入試の場合には、「英」「数」「国」「理」「社」。あとは調査書があるが、とにかく、その試験でしっかり得点を取ってくれることが大前提である。それで合格させて、とんでもない生徒が入ってくるかというと、そういう生徒もいないわけではないが、だいたいは、頑張れる、それなりに色々なことを面白がる、そういう生徒が入学してくれていると私は感じている。

したがって、私としては、大学に「特にこういう点を見てほしい」という特段のリクエストはない。

石井裕基（香川県立観音寺第一高等学校）発言概要
　学力は、当然、測ってほしいし、勉強を一生懸命頑張っている生徒、結果を出した生徒、これは当然合格させてほしい。ただ、頑張っていても試験時間内に答を見出せない生徒、書ききれない生徒もいる。そういう生徒をどう助けられるのか、救えるのか、それを考えていただきたい。1つの手がかりとして、「主体性」、すなわち、その大学で何を学びたいと思っているのかという「思い」、そういう強い思いを持って高校時代に色々な活動に取り組んできたこと、それを評価してほしいとは思う。したがって、一概には言えないが、学力は当然として、学力だけが十分発揮できない生徒をどういうふうに救うのか、それをそれ以外の活動で評価してほしい、ということなのかもしれない。

司会（倉元直樹、東北大学）発言概要
　個人的な感想で申し訳ないが、極めて対照的な青森の田名部高校と東京の開成高校の先生が全く同じことを言ったことが印象的だ。高校では「今の入試のやり方を変えてほしい」とは、思っていないと受け取った。
　石井先生の発言は、西郡先生の講演の中であった「行動結果評価」と「行動プロセス評価」の話[3]がここでも出てきたという印象を受けた。最終的に、いわゆる成績を伸ばすという形での評価、そこまで行って初めて評価されるのが今の入試システムである。できれば、そこには現れない「プロセス」も見てほしい、という話もあろう。現存の「主体性評価」の様々な行動指標に関しても、全く同じことが起こってくるのだろう。すなわち、評価方法という意味では、行動結果評価は比較的客観的で、明白で、手間の意味でもさほどではない。それに対して、行動プロセス評価には主観が入ってくるし、多大な手間がかかる。しかし、その結果、得られるものが満足する水準に達するのは難しい。

7. 主体的行動のエビデンス（証拠）

司会（秦野進一、東北大学）発言概要

エビデンスについての質問を大学の先生方にしたい。

千葉先生の講演スライドにも「目に見える成果のみが点数化されることへの不安がある」と書かれていた。目に見える成果というのは、エビデンスが用意できるような生徒、…例えば、県大会で優勝した、体育祭の委員長をやった…そういう生徒は問題ない。しかし、そういった形で書けない生徒…例えば、3年間、部活動で練習がしっかりできるように、ずっと献身的に務めていたマネージャーがいたとする。その努力のおかげもあって、部は優勝した。そのマネージャーの努力を高校の先生が表記した時、大学の先生方はそれを「エビデンスのないもの、記述だけの評価」とみなすことになるのだろうか。

西郡大（佐賀大学）発言概要

確かに、エビデンスというと、証明書であったり賞状であったり。そういった実績をイメージする。例えば、野球部のマネージャーで色々と選手のことを考えて、選手の様子を見ながら、日頃ノートを取っていると。そのノートの様々な情報をもとに、チームがより活性化されるような形で支援していた。こうした場合、エビデンスとは、そのノートでもよい。それによって、何かしらの活動、アクティビティがどんどん高まったのであれば、その活動による成果や結果と合わせてエビデンスというふうな作り方でも良い。これが、従来通り、何かの証明書のコピーだけであったら、当然、そういったものは提出できない。先ほどの繰り返しになるが、実際のノートそのものでも良いが、どういうふうに自分自身が関わったのかということを示すことができる行動事実を示したエビデンスの示し方もあるのではないかと思う。ただ、今、漠然とエビデンスという言葉で語られるものは、既存の我々が知っているものでしか判断できない。しかし、今後、新たな形を探っていくこともできるのではないのかと思う。主体性というのは、今日、他の登壇者の話を伺うと、

評価しない方がいいのではないかと思うところも多いが、皆で「主体性を評価するのはやめよう」と言えば決着が付くという問題でもない。どういった方法が関係者の納得を得られる形として適切なのか、もう少し建設的なアイデアが出てこないかと期待している。

宮本友弘（東北大学）発言概要

　例えば、ボランティアを一生懸命やった、ということだけだと評価のしようがない。そうではなく、事実がどの程度書いてあるかによっても変わってくる。成果としては見えにくいかもしれないが、事実がきちっと記述されていれば、それこそがエビデンスになる可能性を秘めている。何かのコンテストで1位になった、2位になったということではなくとも、地道に実施している活動でも、主観的な熱意だけではなく、もう少し事実が伝わるような要素を書いていただきたい。

　少し話がずれるかもしれないが、学力にも主体性が重要になる。知能指数と学力の相関係数がどのぐらいかご存知だろうか。大体、世界的に見ても0.6、0.7くらいである。相関係数を2乗すると説明率になるが、学力の半分ぐらいは知能で決まってしまうというようなことがある。しかし、最近出た「教育の効果」という本によれば、何が教育に効果があるかの1位、一番効果があったのは、学力、学習に対する自己評価となっていた（Hattie 2008=2018）。自分が自分自身に非常に高い評価を持っていると良い。

　それは、別の言い方をすると、学習に対する有能感である。それは、学習コンピテンスとも言う。私が実施した研究でも、対象は小学生だが「僕はこの勉強ができる」という感覚を持てることが、知能と同じくらい影響力がある。この有能感が、主体的な行動を生み出す源泉である。そういう意味でも、間接的だが、学力には主体性が反映されている。何度も学力を強調して申し訳ないがそういった事実もあるということを、この場を借りてお話しさせていただいた。

8. まとめ

司会（倉元直樹、東北大学）発言概要
　そろそろ終了の時刻に近づいた。最後に、これだけは言い残したいということがあれば、ご発言願いたい。

西郡大（佐賀大学）発言概要
　一言だけ。主体性の評価が難しいということは、シンポジウム参加者の共有認識だと思う。その一方で、評価があることで高校教育、高校生活にどの程度の波及効果がもたらされるか、主体性評価をどう位置付けていくのか、今後、もう少し詰めた議論をできれば、と思う。

千葉栄美（青森県立田名部高等学校）発言概要
　主体性を育成するのが最も求められているのは、実は、学校教育ではなくて家庭ではないかと思う。今、この主体性の議論が表に出たことで、実は、保護者が「主体性は大事なのだ」と思い始めているという、大きな利点がある気がする。本校では部活動への加入は自由である。加入率は大体8割台だったのだが、今年の1年生は9割を超えた。保護者が様々な活動をきちんとさせようと思っているということは、何か、少し変わってきたのかな、と感じる。

　主体性が大事だと認知されてきたことは良いことだと思う反面、それを評価すべきかどうかということに関しては、私の中では疑問がある。主体性が大事なことは、今も昔も、それからこれからも絶対変わりがない。汲々として「私たちが主体性を育成しなきゃ」ではなく、おおらかに生徒の主体性を育てていけるような学校でありたいと思う。

有山智雄（開成中学校・高等学校）発言概要
　学ぶことに主体性が大切だという点に関しては、誰も異論がないと思う。大学の選抜に有利だからということではなくて、主体的に何かを頑張って、何かを成し遂げたということで得られる達成感がものすごく

大きな自信になるということ、そういうことを我々大人が子どもたちにメッセージとして送ってあげれば、子どもたちも「自主的に何かを頑張ることは良いことなんだ」と感じてくれるのではないかなと思う。

　石井裕基（香川県立観音寺第一高等学校）発言概要
　同じようなことになると思うが、主体性を育てることは誰も否定しない。しかし、主体性を入試で測ることは非常に難しい。揺れる気持ちの中で、頑張っているけれども結果が出ない生徒も何とか救われてほしい、という気持ちもある。そういう生徒が強い思いをその大学に持っているのであれば、そういう生徒も入学させてほしい。一方で、そういう気持ちがある。だから、私自身も非常に揺れ動いている。結果が出れば一番良いのではあるが。

　宮本友弘（東北大学）発言概要
　最後に、一心理学者として、発言させていただく。主体性、あるいは自律性は、可塑性のある部分である。生まれつきで決まらずに、その後の色々な経験で育っていく部分なので、大切にするべきだ。また、先ほどの話にもつながるが、やはり様々な領域で有能感を持つことが大切だ。簡単に言うと、「自信」。何かに対して自分が自信を持ってやっているという感覚が、主体性を生み出すものである。したがって、自律的になるにはどうすれば良いかと言えば、生徒自身が「自分が得意だ」と思っているところの有能感をもっと高めていってあげてほしい。私が特に重視してほしいのは、個人内評価だと思う。その生徒が、ある時点より未来に向かって伸びていったというような、その伸びがきちんと分かるようにしていただけると良いと思う。あとは、個人の中でも、その伸びを「一生懸命やった」というような抽象的な評価にせずに、行動レベルで評価することだ。「今まで3回しかやっていなかったが、それを10回やるようになった」というような事実として、きちっと記録していく。そういったことが自分の伸びを実感する意味でも重要であり、少々下世話になる

が、入試で使える事実の積み重ねになって行くのではないか、と個人的には思っている。

　司会（倉元直樹、東北大学）発言概要
　今回、「主体性とは何だろうか」というテーマを掲げた。具体的には、2021年度入試というのが我々に課されている新制度の下での入試の開始時期になる。この2018（平成30）年5月の時期になって、そんなことを話していても良いのだろうか、という気持ちもありながら、やはり一度立ち止まって考えるのがいいのではないかと思って、このシンポジウムを企画した。
　宮本先生が最後に述べたことにちなんで言えば、大学の立場としては、高校の先生方の有能感を高めたい。日々取り組んでおられる努力が実を結ぶようにしたいと感じている。「どうなるか分からない」という不安に駆られてバタバタとやみくもに動くことが必要なのか、それとも、色々と反省もあるにせよ、今まで実践してきたことを生かして、その延長線上に我々の入試を考えるのか。私どもが大学の立場として、今、課されていることではないかと思う。
　とりあえず、「バタバタ」をリセットできたとすれば、このフォーラムの意義があったのではないか、と感じる。

【注】
1）本書第Ⅱ部第2章参照のこと。
2）本書第Ⅱ部第1章参照のこと。
3）本書第Ⅰ部第3章参照のこと。

【文献】
　中央教育審議会（1969 / 1971）『我が国の教育発展の分析評価と今後の課題、今後における学校教育の総合的な拡充整備のための基本的施策について』大蔵省印刷局，77-552.
　Hattie, J.(2008)Visible learning: A synthesis of over 800 meta-analyses relating

to achievement, London: Routledge（=2018, 山森光陽監訳『教育の効果　メタ分析による学力に影響を与える要因の効果の可視化』図書文化).

樫田豪利・田中光晴・宮本友弘（2018）「米国の大学入学者選抜と Holistic Review ―日本の多面的・総合的な評価への示唆―」東北大学高度教養教育・学生支援機構編『個別大学の入試改革』東北大学出版会，279-296.

東北大学高度教養教育・学生支援機構（2018）『「主体性」とは何だろうか―大学入試における評価とその限界への挑戦―』第 28 回東北大学高等教育フォーラム　新時代の大学教育を考える［15］報告書．

第Ⅲ部

主体性評価の動向

第1章　台湾の2022年入試改革
——学習ポートフォリオを活用する「個人申請入学」を主流に

石井　光夫（東北大学）

1. はじめに

　我が国では2021年度入試に向けて、新共通テスト（大学入学共通テスト）の導入とともに、大学に対しては個別選抜の「多面的・総合的」評価への改革が進められている。多面的・総合的評価とは学力三要素[1]の全面に渡る評価であり、一般選抜においても三要素の一つである「主体を持って多様な人々と協働して学ぶ態度」についての評価（以下「主体性評価」）も求められている。筆記試験では測れないとされるこの要素に対し、「調査書や志願者本人が記載する資料等の積極的な活用」[2]が文部科学省から促され、これを受けて国立大学協会も「調査書や志願者本人が記載する資料、面接等を利用する方法を検討し、実施可能なものから順次導入していく」方針が発表された[3]。各国立大学は、こうした流れの中で、2年前予告に備え、新共通テスト対応とともに、この主体性評価の内容と方法を検討している（2018［平成30］年10月現在）。

　実は台湾でも我が国と同じような「多面的・総合的」評価に向けた入試改革が進んでおり、むしろその規模と速度は我が国を上回る勢いになっている。台湾では長らく共通試験を唯一の評価基準として大学入学者選抜を行ってきた。この共通試験がもたらす激しい受験競争とこれに伴う知識偏重や創造性育成の欠如と行った弊害の克服のため、1990年代から我が国のAO入試に類似した入試や推薦入試を導入する多様化への改革が模索され、2002年からこれを整備して「多元入学」と称する多様な選抜ルートが確立された。以来共通試験による選抜ルートは縮小される一方、とくにAO入試に類似する「個人申請入学」が拡大、入学者全体の5

割を占めるほどになった。

　この個人申請入学では、共通試験で1次選考した後、2次選考で学部・学科ごとに独自の選抜方法・評価基準（筆記試験、面接試験、高校の学業成績や自己紹介書・学習計画などの書類審査）によって合格者を決定する。

　2017年4月、教育部はこの多元入学を一層推進する方針（「大学多元入学方案」）を発表、2022年の入試から個人申請入学を「主流」の選抜ルートとし、さらにその選考については共通試験の比重を小さくするとともに、大学の個別選抜結果を5割以上の配分とし、中でも高校の学業成績や学校内外の活動を記録した「学習ポートフォリオ」（原語・学習歴程資料）を重視することを大学に求めた。またそのための「学習ポートフォリオデータベース」を教育部が設置、大学にデータ提供するシステムを構築しようとしている。

　筆者は、2017年12月、教育部や大学等の関係機関を訪問し、新改革について事情聴取するとともに一連の資料を収集した。本論ではこれらをもとに2022年入試改革、なかんずく学習ポートフォリオを活用した台湾の「主体性評価」についての詳細を明らかにし、またその実現への展望と問題点を分析する。

2. 大学入試の概要 [4]

2.1 台湾高等教育の構造と規模

　最初に台湾の高等教育の構造と規模をみておきたい。台湾の高等教育機関は、大学（原語・大学または学院）（一般に4年制）と専科学校（原語同）（2年制または中等教育段階から5年一貫制）に大別される。

　2017年現在、高等教育機関は157校（大学144、専科学校13）、学生数は約127万人（大学118万人、専科学校9万人）。普通高校からの進学率は96％、職業高校からの進学率は79％、また高校段階への進学率はほぼ100％であり、普通高校と職業高校との生徒比率はほぼ1:1であるので、全体の高等教育進学率は80％台半ばを超えると推測される。我が

国を優に上回る高等教育の普及率といえる[5]。

　大学は学術研究を行う「一般大学」（原語同）と技術系の大学（原語・技術学院等）に分かれる。学生数では3:1となっている。台湾の入試はこの一般大学と技術系大学とそれぞれ別に実施され、一般大学は入試のための大学学生募集委員会連合会を設置、統一的な政策方針の下で入試が行われている。大学学生募集委員会連合会は現在71大学が会員となっている。技術系大学は個別に入試を行う。以下は、この大学学生募集委員会連合会が統括する一般大学の入試についての記述である。

2.2　入試改革の変遷

　台湾の大学入学者選抜では、1954年より約半世紀にわたって、「連合試験」（原語・聯合招生考試。聯考）が実施されていた。連合試験は年1回の全土規模の統一的な共通試験で、受験者はその成績によって志望大学に振り分けられ、大学が選抜に関与することはなかった。この選抜方式については、統一的な試験を行うことで選抜の客観性・公平性が保証されたという肯定的評価もあるが、激しい受験競争を生じさせ、生徒の興味・関心を狭め、また創造性が育たないといった弊害も指摘されていた。

　こうした状況を踏まえ、1990年代に連合試験に対する検討が行われ、1994年より大学教育を受けるのに必要な基本的な学力を測る新たな共通試験である「学科能力試験」と学校推薦による推薦入学制度が導入され、1998年には我が国のAO入試に相当する「個人申請入学」（原語同）と呼ばれる選抜方式も導入された。

　これらの改革は2002年に入学者選抜の多様化を意味する「大学多元入学方案」（原語同）として改めてまとめられ、同年から正式に実施された。これに伴い連合試験は廃止されることになった。

　大学多元入学方案では、入学者選抜試験のルートが二つに大別された。一つは、従来の連合試験の流れをくんだ「試験配分入学」（原語・考試分発入学）、もう一つは、大学が独自の方法と基準で入学者を選抜する「独

自選抜入学」(原語・甄選入学)である。この独自選抜入学はさらに「学校推薦入学」(原語同)と「個人申請入学」(原語同)に分かれたが、その後地域均衡のために分野ごと1校1人推薦による「繁星計画」が開始、学校推薦と統合して2011年「繁星推薦入学」となった。また、優れた才能を持つ者や通常と異なる教育歴を持つ者を対象にした「特別選抜」(原語・特殊選才)が2018年から正規の選抜方式となった。

共通試験は、連合試験の流れをくむ卒業時(7月)の「大学指定科目試験」と最終第3学年の冬休みに行う「学科能力試験」の2種類になり、後者は独自選抜入学に利用されるようになった。

2.3 現行の大学入試制度

2.3.1 共通試験

2.3.1.1 学科能力試験(原語・学科能力測験)

一般的な知識・能力を備えているかどうかを測る基本的な科目に関する試験であり、国語、英語、数学、社会、自然の5科目必答である。出題範囲は高校2年までの必修課程で、解答はマークシート方式が主である。各科目の成績は15段階の等級で受験生に示される。成績はさらに各科目及び総合点を5段階でランク分けをし(「頂標」(上位12%)、「前標」(上位25%)、「均標」(上位50%)、「後標」(上位75%)、「底標」(上位88%))、大学に提示している。同試験の成績は主として個人申請入学と繁星推薦入学の選抜に用いられる。

2.3.1.2 指定科目試験(原語・指定科目考試)

各大学の学部学科が求める能力を受験生が備えているかどうかを測定する試験で、国語、英語、数学甲(理系タイプ)、数学乙(文系タイプ)、化学、物理、生物、歴史、地理、公民・社会の10科目。受験生は募集単位が定めた試験科目に従って3～6科目を選択する。各科目の成績は点数(100点満点)で受験生に示される。同試験の成績は試験配分入学の選抜に用いられる。

このほかに英語ヒアリング試験(原語・高中英語聴力測験)が年2回実

施され、大学・学部によって繁星推薦入学、個人申請入学、試験配分入学のいずれにも用いられる。また技能試験（原語・術科試験）が音楽、美術、体育の3科目について実施されている。

2.3.2　入学者選抜ルート

2.3.2.1　繁星推薦入学

「繁星」とは「多くの星がきらめく様」を言い表した言葉であるが、この言葉通り、繁星推薦入学とは全国の高校の優れた生徒をあまねく大学に入学させるための入試である。社会的弱者に配慮し、地域間の格差を是正することを目的とする。

学科専攻ごとに八つの学群に分け、学群ごとに1学校1人を推薦する。出願条件は高校1、2学年成績が大学が定める上位パーセンタイルに入っていることで、学科能力試験による1次選考を経て2次選考では主として高校の成績順位によって合格者を決定する。

2.3.2.2　個人申請入学

大学が適性に従って人材を募集選抜し、生徒が適性に従って大学・学科を選ぶという試験である。出願資格は学科能力試験の成績が大学・学科の出願基準を超えていることであり、受験生1人につき6大学・学科まで出願可能である。

1次選考は学科能力試験の成績により行い、2次選考で募集学部・学科ごとに定める選抜方法（面接試験、筆記試験、書類審査、実技等）と評価基準により合格者を決定する。

2.3.2.3　試験配分入学

毎年7月に行われる指定科目試験の成績によって志望大学に配分される選抜方式である（台湾の学年始期は9月）。一部の大学・学科では、学科能力試験や技能試験を課すこともある。

出願は一律にネット登録で行われ、各受験生は100大学・学科まで出願可能である。実際は一人平均50校程度出願している。大学は受験科目を3〜6科目指定し、各科目について点数の重みづけ（1.00、1.25、1.50、

1.75、2.00倍）をする。コンピュータによって志望、成績に基づいて大学・学部学科に配分していく。各大学による個別試験は行われない。

表1　入試区分ごとの募集定員

入学年度	2012	2013	2014	2015	2016	2017
繁星推薦	8,525人 (8%)	10,246人 (10%)	11,270人 (11%)	13,357人 (12%)	15,735人 (15%)	17,589人 (18%)
個人申請	42,220人 (41%)	46,908人 (45%)	49,733人 (48%)	53,322人 (52%)	55,732人 (54%)	55,954人 (56%)
試験配分	56,644人 (51%)	46,612人 (45%)	42,459人 (41%)	35,817人 (35%)	31,010人 (30%)	26,761人 (27%)

注：（　）は3区分の構成比である。この3区分以外にも特別選抜など若干の入学者がいるので、入学者全体の構成比ではない。
出典：大学招生委員会連合会「大学招生委員会連合会及大学招生制度簡介」2017年12月19日

2.3.2.4　特別選抜

現行入試制度では進学が難しい優れた才能も持つ者や一般とは異なる教育歴を持つ者（帰国生徒や1990年代以降の台湾移住者およびその子女、社会的弱者、実験教育を受けた生徒等）のための入試で、2015年一部大学で試行の後、2018年から正規の入試区分となった。高校の推薦により大学が独自の選抜方法（筆記試験、面接試験、書類審査等）で選抜する。2018年は募集定員の1%を上限とし、34大学で555人が入学した[6]。

3.　2022年入試改革

教育部は、2017年4月、2002年以来実施してきた多元入学を一層推進する計画である「2022年大学多元入学方案」[7]を発表した。2022年の入試から適用する。以下、その内容を概観したあとで、現行をさらに拡大して主流の入学ルートとする個人申請入学の選考資料として重視すべきとした学習ポートフォリオについてとくに焦点をあてる。

3.1　高校新教育課程の実施

2022年の入試改革は高校の新教育課程が適用される2019年入学者が卒業する年度に合わせたもので、新教育課程の改革と連動させている。

新教育課程では、生徒の学習を受け身の学習から「主体的学習」（原語・自主学習）へ転換する目標を明確にし、理念として「適性に応じた能力の伸長」（原語・適性揚才）と「核心的資質の育成に向けた幅広い全人教育」を掲げた。

核心的資質（原語・核心素養）とは、「教科の知識・技能にとどまらず、学習と生活との結びつきに関心を払い、実践を通して顕彰される学習者の全人的発達」を指す。

具体的な課程の改革では、共通必修科目の単位数を減らす（138→118）とともに、学校独自の必修科目（4〜8）および毎週2〜3単位時間の学習者裁量による「弾力的学習」（原語・弾性学習）を新設する。

3.2 2022年多元入学
3.2.1 理念・基本的方向

多元入学方案は、「主体的個性的な学習時代を迎え、大学入学者選考は標準化された知識を問う試験から、多面的・総合的な評価へと一層変えていかなければならない」と改革の理念を掲げ、その原則を①多様な入学ルート、多様な選考資料という方式を維持する、②入学ルートは個人申請入学を主とし、合わせて学習履歴を重視して多様な資料を審査する、などと明確に提示した。筆記試験だけに準拠する試験配分入学もいぜん主要な入学ルートとしながら、その割合を縮小していく。繁星推薦入学と特別選抜は小規模な入学ルートとする。

方案はそれらの割合を示していないが、個人申請入学による入学者はすでに50%を超えており、教育部は70%程度を目指すとしている。繁星推薦入学は15%程度の実績があり、特別選抜は実施大学でも1%を超えないとされる。これらからすると主要ルートといいながら、試験配分入学は多くても15%程度と、繁星推薦入学とほぼ同じ規模になる見込みである[8]。

3.2.2　共通試験
3.2.2.1　学科能力試験
5科目必答とはせず、大学の指定により4科目以下の選択となる。個人申請入学に用いる成績表示方法は変わらないが、試験配分入学にも活用されるようになり、この場合は45級区分になる。

3.2.2.2　科目別試験
指定科目試験から名称を科目別試験（原語・分科測験）に変更。試験科目も学科能力試験と重複しない7科目（数学甲、物理、化学、生物、歴史、地理、公民・社会）とし、大学の指定により自由選択する。成績表示は100点法から45級の区分になる。

3.2.3　入学ルート別の選抜
3.2.3.1　個人申請入学
学科能力試験は4科目を指定。従来の5科目総合点数による選考は廃止する。学科能力試験成績で1次選考したのち、2次選考では学科能力試験と「総合学習成果」（原語・総合学習表現）により選抜する。総合学習成果は、学習ポートフォリオ評価と大学独自の試験（面接試験、筆記試験等）からなり、合否判定では50％以上の割合を占めることが求められる。またこのうち学習ポートフォリオの評価も一定の割合を占めることとされた。2次選考は第3学年後半に行っていたが、第3学年課程終了後に遅らせる。

3.2.3.2　試験配分入学
学科能力試験と科目別試験(学部学科により実技試験)を総合して判定する。試験科目は合計して3科目以上5科目以下となる。このうち学科能力試験は4科目以下、科目別試験は1科目以上とする。それぞれの科目には重み付けする。

現行の試験配分入学と比べると、より基礎的な内容の学科能力試験を選抜資料に加え、このうち国語、数学乙、英語の3科目は科目別試験では試験を行わない。また科目別試験の科目数も1科目以上とし、大学が

国語や英語を指定すると、科目別試験は3科目以下となる。学科能力試験は全5科目必答でなくなり、科目別試験も受験科目は現行指定科目試験より少なくなる見込みである。

図1　受験日程の新旧比較
出典：教育部提供資料「日本東北大学来訪題答」2017年12月14日

4.　学習ポートフォリオ

　2022年の入試から入学者の7割まで拡大する個人申請入学で、受験者の高校内外の学習や活動履歴を記録した「学習ポートフォリオ」（原語・学習歴程）が選考資料として活用される。現行の個人申請入学でも受験者に指定の書類提出を求め選考資料としているが、これを求めない学部学科もある。2022年入試から全受験者に提出を求め、選考資料とする。この学習ポートフォリオについて以下みていく。

4.1　目的・内容

　個人申請入学の合否判定では「(共通)試験の点数では見いだせない重要な能力や潜在能力、特性」は「総合学習成果」により評価し、その総合点への点数配分を50％以上にするとしており、共通試験の成績より重視する方針が示されている。総合学習成果は大学独自の試験（面接試験、

筆記試験等）と学習ポートフォリオ評価からなり、この学習ポートフォリオは「生徒一人ひとりの適性、興味関心、潜在能力および専攻分野への準備状況」をより評価できるとしている。

また入学者選抜でこの学習ポートフォリオにより「生徒の適性に応じた学習成果が重視できれば、入学後の学生指導においても学生それぞれの学習リズムや進度、興味関心、人生設計に基づいた努力を継続するよう指導するのに役立ち」、高校にとっても「規定の教育課程をよく履修させ、様々な学習モデルを開発し、実践力や思考力、課題探求能力を強化し、多元的な評価を発展させるとともに多様な課程編成の開発や生徒指導の強化を図ることができる」としている[8]。

学習ポートフォリオに記載すべき内容としては以下の6項目が規定されている。

①基本資料：学籍情報（出身や家庭収入などを含む）。
②履修記録：必修・選択科目についての学期ごとの成績。
③自己紹介書（原語・自伝）：入学後の学習計画を含む。
④課程学習成果：教育課程履修において作成作品、レポート（1学期3件以内）。個人申請入学出願時に大学に提出する件数は3件以内。
⑤学習・活動成果（原語・多元表現）：学校内外の活動、ボランティア活動、コンクール成績、生徒役員歴、検定・資格（1学年10件以内）。個人申請入学出願時に大学に提出する資料は、このうちの「代表的な資料」10件以内とし、1件あたり800字・図表3点以内に収める。
⑥その他：大学が要求する補助資料。

これらを記載するに当たっては、いくつかの原則が示されている。1) 学業成績は新課程に従ったもとのし、非学業成績は大学が求める資料に基づく、2) 学校教育を優先し、学外活動の成果は補助的なものとする、

3)上記①②の入力作業は校内教務システムを活用して、生徒の負担を軽減する、4)記載する活動等の名称を統一し、誤解曲解を避ける、5)記載件数を制限し、量ではなく、質を重視する[9]。

表2 現行提出資料と学習ポートフォリオの比較

	現行提出資料	学習ポートフォリオ	期待される効果
内容	大学・学部学科各自で規定し、項目が不統一	入力項目を統一的に分類規定	資料の信頼性向上
提出時期	高校第3学年個人申請入学の2次選考時	教育課程学習成果(学期、学年ごと)、その他の項目は規定の時期	(3学年に集中することによる)正常な学習活動への影響回避
資料整理形式	生徒本人による収集整理	入力後データベースによるシステム化した整理	学習状況の忠実な反映
項目の件数	なし	件数の制限あり	量より質を重視社会経済的格差の回避
大学の専門的審査	なし	徐々に構築	選考作業の専門性向上

出典:台湾教育部頼冠瑋「高中学習歴程檔案企劃與配套」2017.12.1

このような項目の内容規定、原則によって、学習ポートフォリオの入力作業の負担を軽減し、正常な学校教育への影響を少なくするとともに選考におけるその信頼性を高めようとしている(表2)。

4.2 学習ポートフォリオデータベースの構築

新たに作成する学習ポートフォリオを効率的に運用するため、教育部はデータベースの構築を開始した。2017年7月、教育部は高校にデータベースのための委員会を各学校内に設置し、生徒の学習ポートフォリオ情報の入力、管理運営を行うよう要請した[10]。この委員会は「学習ポートフォリオ作業委員会」(原語・学生学習歴程檔案資料工作小組)と呼ば

れ、学校の教務、学務、生徒指導の各部署および教員・保護者・生徒代表から構成し、1学期に1度以上の会議を開催してその管理に当たる。

学校から提供された学習ポートフォリオ情報は、教育部が委託した国立暨南大学にデータベースシステムを設置してその管理を委託する[11]。

データベースへの登録は、項目ごとに手順が示されている。

1) 基本資料・履修記録：学校が学期ごとに教育部規定の期間内に登録する。
2) 課程学習成果：学校が定めた期間内に登録し、教員がこれを確認する。登録件数は1学期3件まで。
3) 学習・活動成果：生徒が学校内外の学習・活動成果を学校が定めた期間内に登録する。登録件数は学年ごとに10件まで。ただし、データベース内にすでに学校が登録した生徒役員等の記録や学外機関が登録したコンクール，検定資格等が存在する場合、これらの件数は生徒登録の10件には含めない。生徒が依頼した学外の各種コンクール実施機関や検定機関もその成績をデータベースに登録する。
4) 自己紹介書（学習計画含む）その他の学習ポートフォリオ関連資料：生徒が大学出願時に学校が定めた期間内に登録する。

これらの手続きによって登録されたデータベース資料は、大学出願時に本人の同意と資料選択を経た後、データベース管理者(国立暨南大学)から各大学に提供される。

データベースの登録は、2019年入学の高校第1学年の生徒から開始し、また大学はこれらの生徒が第2学年になる2020年に個人申請入学の選考に用いる学習ポートフォリオの内容と選考方式を発表することになっている[12]。

4.3　大学の入学者選抜における専門性の向上

個人申請入学の選考資料として高校側で学習ポートフォリオ制度を確立するとともに、大学側にもこれを十分に活用する選考の専門性を高める政策も進められている。

教育部は、2017年に「大学学入学者選抜専門化発展試行計画」（原語・大学招生専業化試弁計画）[13]を開始、まず個人申請入学に実績をあげ、募集人数の多い大学17校を選んで入学者選抜の専門性向上のための取組を行わせている。計画では2018、2019年に引き続き試行大学を10校から15校増やし、2021年には全大学に拡大する予定である。

各大学における試行計画は次のような内容が求められている。

1) 大学、学部、学科ごとに人材育成の目標、特色、政策を明確にする。
2) 個人申請入学における審査方法・基準を最適化、簡素化する。最適化では審査の厳格性、客観性、系統性、一致性、識別力を向上させ、特に審査のための評価尺度（ルーブリック）の作成が求められる。また受験者の負担軽減のための簡素化も求められる。
3) 入学者選抜のための専門的な組織を設置し、専門人材を配置するとともに選抜作業に携わる人員の研修を制度化する。
4) IR（原語・校務研究）と入学者選抜専門化を結びつける。入学者の高校での学業成績や入学後の学業成績、卒業後の進路などに対する追跡調査を行い、これを入学者選抜の戦略や指標の改善にフィードバックさせる。

審査選考のための評価尺度については、教育部は学習ポートフォリオの記載項目に対応したルーブリックと能力別の項目を設けたルーブリックの2種類を想定し、大学の試行の中から10種類程度のモデルを選定して普及させようとしている。ルーブリックのイメージは表3のようである。

表3 評価尺度（ルーブリック）のイメージ

	傑出（90〜）	優（80-89）	良（70-79）	可（60-69）	不可（-60）
項目一					
項目二					
項目三					
項目四					
総合評価					

注：項目は、学習ポートフォリオに対応した項目（課程学習成果、自己紹介書、校内学習・活動成果、校外学習・活動成果等）としてもよく、または能力別項目（学習探求能力、協働指導能力、コミュニケーション能力、学業における特異能力等）としてもよい。
出典：教育部「大学学入学者選抜専門化発展試行計画」（計画説明会）2018年5月29日

　3）の入学者選抜のための専門的な組織は、我が国でいうアドミッションセンターに相当するとみられるが、この専門的組織がまた選抜作業に携わる人員の研修やIRにおける教務情報による追跡調査、さらには追跡調査結果に基づく入試戦略の策定などの中心になっている。

　国立清華大学は、この試行計画以前にすでに入学者選抜のための専門的な組織である「学生募集戦略センター」（原語・招生策略中心）を2014年に設置している。センター長を含め構成員5人の組織であるが、研究者を中心に①学生募集戦略会議を主催する総合業務、②選考専門化、③入試広報、④追跡調査・データ管理の4機能を担っている。2018年に入試事務業務を担う「学生募集組」（原語・招生組）を統合し、名称は学生募集戦略センターをそのまま引き継いだ[14]。

　同センターが行っている追跡調査は、同センター設置前の2007年から行っているもので、①入学時、②入学後在学時、③卒業後の三つのプラットフォームからなる。入学時のデータには出身高校、出身地、高校の成績、入試成績が含まれ、入学後在学時のデータは学業成績、学籍管理、学業以外の活動（部活動、留学、学生自治会等）であり、卒業後のデータは進路、就職状況、職種、給与水準などである。

　同センターは、これらの追跡調査の結果を入試方法・評価基準の客観

性や信頼度を検証するとともに、学部学科に提供し、各入試区分の定員配分や選考方法・基準の見直しに役立たせている[15]。

5. 2022年入試改革への展望と課題
5.1 個人申請入学を主流とする構造への移行

2022年改革を宣言した「多元入学方案」は、我が国のAO入試に相当する個人申請入学を入試改革の切り札として、現状の入学者比率50％超をさらに拡大して70％程度にもっていくとしている。この改革では大学・教員の負担増と入学者の学力水準低下が懸念される問題となろう。

個人申請入学は、2002年多元入学の本格実施から募集人員の割合は急速に伸びていった。それまで連合試験という共通試験の結果で機械的に配分され、大学がほとんど入学者選抜に関与しなかった入試の一元体制が改められ、大学が独自の選抜方法と評価基準を定め、自ら望ましい入学者を決定できる入試を実現したことが、大学の積極的な取組を引き出したとみられる。筆者はこれまで何度か台湾の大学を訪問し、個人申請入学の選抜業務負担について訪ねているが、賛否両論という大学もあったものの、おおむね個人申請入学の意義を評価しており、教員の負担感は大きくないという答えが返ってきた。これは導入当初においても、また50％近くの募集人員拡大をした近年でも変わっていない[16]。

しかし、これがさらに70％になるとどうか。さらに選考には大学独自の試験と学習ポートフォリオ審査の割合を50％以上の配点として要求している。この負担増に対して、政府はとくに支援政策を講じてはいない。前述の2017年に開始した大学学入学者選抜専門化発展試行計画による入試の専門組織・アドミッションセンターの設置計画については、書類選考の質向上のための措置であり、これによって教員の業務負担が軽減される見通しはない。清華大学の学生募集戦略センターの人員も5名と少数であり、同センターの設置によって書類選考にかかる教員の負担は軽減されない。

また個人申請入学の拡大によって入学者の学力水準が維持されるのか

という問題も小さくない。教育部が65大学に対して行ったアンケート調査では、入学後の成績は繁星推薦入学の学生が最もよく、個人申請入学の学生が必ずしも優秀な学生であるとはいえない現状になっている。「適性に応じた能力の伸長」と「(知識に偏らない、主体性個性を重視する)核心的資質の育成に向けた幅広い全人教育」を理念とする高校の新教育課程に対応した「多面的・総合的」な評価を行う入試への転換をうたった今回の入試改革では、学力水準の維持については多くを言及していない。台湾大学は、自己紹介書などの書類は学習塾の指導でうまく作ることができ、家庭の経済状況で書類のできに格差が生じ、好ましくないとして50％を超える拡大に疑問を呈しており、試験配分入学の割合を30〜40％で維持すべきとも語っている[17]。この議論は筆者の訪問先ではほかに聞かず、一般的ではないとも思われるが、今後検討すべき課題になると思われる。

5.2　主体性評価

これまでも個人申請入学の選考において生徒の自己紹介書や学校内外の活動歴、資格検定等を報告させた書類を活用してきたが、大学や学部学科によっては選考に用いないところもあり、またその書類内容も統一されていなかった。2022年入試からは、個人申請入学ではすべての大学・学部学科で必ず学校内外の学習・活動成果を統一的系統的に記録した「学習ポートフォリオ」を活用することになった。この改革ではいくつかの課題が指摘されよう。

5.2.1　評価の客観性、公平・公正性の確保

生徒の学業成績については、当然学校間格差が懸念される。この学業成績の選考における活用は繁星推薦入学ですでに実施されてきた。学科能力試験の一定水準をクリアした志願者を学校の学業成績で上位の者から合格とするシステムである。学校内での相対的な順位で同じ地位にあっても学校の地理的環境や保護者の社会経済的状況などにより必ずし

も同じレベルの学力を持つとは限らない。このことがこれまで大きな問題とならなかったのは、繁星推薦入学の理念が地域均衡という地理的公平性を優先していたからであり、入学者の割合も10％台と多くはなかったこともあったとみられる。しかし、70％の入学者を選考するのに学校間や地域間の格差を繁星推薦入学のように見過ごせるか、検討が必要になろう。

　また、活動歴に社会経済的な生徒の家庭環境から格差が生まれ、評価に影響することも懸念される。この問題について、教育部は選考に用いる資料は前述したように「学校教育を優先し、学外活動の成果は補助的なものとする」という原則を強調している。また、活動の名称・用語の多様な表現によって誤解を生まないよう「記載する活動等の名称を統一し、誤解曲解を避ける」とし、さらに「記載件数を制限し、量ではなく、質を重視する」といたずらな活動競争に陥り、学校教育が混乱しないよう配慮する原則も示した。このことは大学招生委員会連合会も2022年多元入学方案の説明Q＆Aでも繰り返し述べている[18]。大学はこのような原則に従って選考に当たることが求められる。

5.2.2　学校・生徒の負担

　教育部は、この問題について、前述のように、従来の個人申請入学では出願時に大学が要求する各種書類を一度に準備しなければならなかったのに対し、高校入学時から定期的にデータを入力し、出願時にはそれらを大学の要求項目に従ってデータベースから出力するよう手続きをとるだけなので、学校・生徒の負担は軽減されると説明している。しかし、学習ポートフォリオが生徒全員について作成を求められており、学期・学年ごととはいえ、生徒が個別に情報データを入力し、教師がこれを確認することは、これまでの教育活動に付加される作業である。学習ポートフォリオに関する高校への説明会は頻繁に行われているが、2019年から実際に開始するデータ入力作業について今後も検証が必要になってくるであろう。

5.2.3　大学の選考作業における専門性向上

　大学に選考作業の専門性を向上させ、評価の客観性や効率化を測るための専門的な部署（アドミッションセンター）をすべての大学に2022年の入試に間に合うよう順次設置していく計画についてはすでに述べた。2017年以降アドミッションセンターが設置された大学では、入試担当の教員等に研修を行っていることが報告、報道されている。教育部も初年度に3千万台湾ドル（約1億1千万円）の補助金を投入している[19]。しかし、アドミッションセンター設置には人員配置、予算配分が必要になる。1億円で十分な手当ができるとは思えない。今後、大学を含めた資源確保が必要になってくる。

　また、そのように体制が整い、アドミッションセンターが検討作成した評価尺度（ルーブリック）を用いて学習ポートフォリオの評価がなされた場合も、この評価結果をどのように総合評価に組み込むかも課題となる。先にみたルーブリックのモデルでは、段階別評価が用いられるようになっている。これを合否判定の際、点数化して総合評価に加えるのか、段階別のまま学習ポートフォリオ評価を単独で判定に用いるのか、その扱いについては教育部や大学学生募集委員会連合会は詳細な説明をしていない。大学に委ねられているとすれば、その多元化した評価の在り方について、高校や受験者に不安や混乱を招く可能性もある。2020年に大学は選考に用いる学習ポートフォリオの内容や方法について公表することになっている。それまでに政策的にある程度の方向性を検討する必要も出てくることも考えられよう。

6.　おわりに

　我が国の新共通テスト導入を含む2021年入試改革から1年後、台湾の新たな多元入学方案による2022年入試改革が実施に移される。両者の入試改革は、奇しくも「多面的・総合的」評価を目指し、そのために共通試験を改変するとともに書類や面接などによる「主体性評価」の導入を図るという全く同じ改革方向を目指している。しかし、台湾では、この主

体性評価の切り札としてAO入試に類似する個人申請入学で学習ポートフォリオを活用することを政府主導で決定している点では、我が国より一層明確な方針を打ち出しているといえよう。個人申請入学は入学者選抜ルートの主流とし、70％の割合まで拡大することも明言している。同じ方向ながら、我が国に先んじて走ろうとしている台湾入試改革の行方を注視していく必要があるだろう。

【注・文献】

1) 学力三要素について、文部科学省が設置した高大接続システム改革会議の最終報告（平成28年3月31日）は、学校教育法第30条第2項に基づき、①十分な知識・技能、②思考力・判断力・表現力、③主体性を持って多様な人々と協働して学ぶ態度、と明示している。
2) 文部科学省「平成33年度大学入学者選抜実施要項の見直しに係る予告」平成29年7月13日
3) 国立大学協会「平成32年度以降の国立大学の入学者選抜制度－国立大学協会の基本方針－」平成29年11月10日
4) この章の記述については、とくに注記がある以外は、『東アジアにおける入試多様化と学力保証に関する研究』研究成果報告書（平成24〜26年度化学研究補助金基板研究（C）課題番号24530984　研究代表者　石井光夫）「第4章　台湾」、および『東アジア諸国における大学入試多様化に関する研究』研究成果報告書（平成17〜19年度科学研究補助金基盤研究（C）課題番号17530548　研究代表者　石井光夫）、「第4章　台湾」による。
5) 教育部「106学年度各級学校概況表」
   https://depart.moe.edu.tw/ED4500/cp.aspx?n=1B58E0B736635285&s=D04C74553DB60CAD
   （閲覧2018年9月29日）
6) 教育部高等教育司提供資料「日本東北大学来訪題答」（2017年12月14日）
7) 教育部「大学多元入学方案」（111学年度起適用）2017年6月6日
   http://www.jbcrc.edu.tw/documents/others/M3大學多元入學方案_教育部核定及備査版1060612修改附件體育學分.pdf（閲覧2018年10月1日）。この章の記述は、特に注記があるもの以外は、本資料に基づく。
8) 教育部高等教育司インタビュー（2017年12月18日）
9) 台湾教育部頼冠瑋「高中学習歴程檔案企劃與配套」2017年12月18日
10) 教育部国民及学前教育署「建置高級中等教育段階学生学習歴程檔案作業要点」2017年7月26日
11) 教育部高等教育司インタビュー（2017年12月14日）
12) 教育部「大学考招変革現在進行式」（教育部高等教育司インタビュー［2017年12月14日］時に提供）
13) 教育部「大学学入学者選抜専門化発展試行計画」（計画説明会）2018年5月29日
    http://www.ntue.edu.tw/gridfs/assets/archive_file_multiple/file/5b20b0649ba4c2156d000004/
    （閲覧2018年10月18日）
14) 国立清華大学招生策略中心HP
    http://spadms.web.nthu.edu.tw/files/11-1906-9695.php?Lang=zh-tw（閲覧2018年10月18日）

第Ⅲ部　主体性評価の動向

15) 陳栄順清華大学副教務長兼招生策略中心主任「以校務研究強化大学之専業化発展」106学年度大学院校教務・校務経営主管聯席会議、2018年5月24-25日
16) 台湾大学教務処註冊組インタビュー（2007年3月5日、2014年3月10日）、台湾師範大学教務処招生組インタビュー（2006年3月16日）同教務処企画組インタビュー（2014年3月11日）、輔仁大学教務処招生組インタビュー（2007年3月6日）、東呉大学教務処招生組インタビュー（2006年3月17日、2014年3月11日）、淡江大学招生組インタビュー（2006年3月17日）同教務長インタビュー（2014年3月12日）
17) 台湾大学教務処註冊組インタビュー（2017年12月18日）
18) 大学招生委員会連合会「教育部核定本会『大学多元入学方案』相関問題説明」2017年4月26日、http://www.jbcrc.edu.tw/documents/others/ 入學方案相關QA.pdf（閲覧2018年10月18日）
19) 中央社「教部擬編三千万予算　試弁大学招生専業化」2017年6月15日、「107学年度公私立大学校院招生検討会議」（2018年9月5日）における台湾師範大学、義守大学の報告 http://in.ncu.edu.tw/~ncu7141（閲覧2018年10月22日）など。

第2章　我が国の近年の教育改革
——初等・中等教育から高等教育へのつながり

銀島　　文（国立教育政策研究所）

1. はじめに

　近年の高大接続改革において、議論に取り上げられるものの一つが主体性である。大学入学者選抜において、主体性をどのように把握し、測定しうるかということが論点の一つと言える。しかしながら、学習の文脈では、主体性は新たな概念というわけでなく、主体性への着目も目新しいものでなく、研究においても実践においても長きにわたって議論され、取り組まれてきたテーマと言えよう。初等・中等教育の学習の文脈で主体性の評価が議論される場合、指導の目標に照らして、学習者の主体性が十分に育まれたのか否か、が関心事となる。一方、大学入学者選抜の場合、選抜の主体である大学は、それぞれに求める学生像を掲げており、入学後の大学教育を経て更に育成されるべき部分や可能性、余地を十分に勘案した上で、入学希望者の主体性が問題になり得よう。このように対比して考えると、大学入学者選抜という特殊性から、自ずと異なる側面が包含されるのではないか。新たな方式による大学入学者選抜の実施に向けた準備段階にある今日、こうした視点からの議論が必要なのかもしれない。

　本稿では、まず、近年の主体性への注目の背景を概観する。次に、高大接続改革が義務教育段階の教育改革と軌を一にしていることを確認する。最後に、高等数学の評価の具体例を基に、中等教育段階の主体性の評価の実際を概観する。

2. 主体性への注目の背景

　我が国の学校教育制度の根幹を定める法律である学校教育法は、2007

（平成19）年に改正され、のちに「学力の三要素」と述べられることになる「知識・技能」、「思考力・判断力・表現力等」、「主体的に学習に取り組む態度」が図1のように記述された（文部科学省 2007）。なお、学校基本法の第30条第2項は小学校における教育について述べられているが、中学校及び高等学校に準用されている（中央教育審議会 2007）。

第30条　小学校における教育は、前条に規定する目的を実現するために必要な程度において第21条各号に掲げる目標を達成するよう行われるものとする。
2　前項の場合において、生涯にわたり学習する基盤が培われるよう、基礎的な知識及び技能を習得させるとともに、これらを活用して課題を解決するために必要な思考力、判断力、表現力その他の能力をはぐくみ、主体的に学習に取り組む態度を養うことに、特に意を用いなければならない。

図1　学校教育法　第30条
（文部科学省 2007 より）

2011（平成23）年4月28日に文部科学省が公表した「教育の情報化ビジョン」にも「学校基本法第30条第2項に規定する学力の3要素である『基礎的・基本的な知識・技能の習得』『思考力・判断力・表現力等の育成』『主体的に学習に取り組む態度の育成』」（文部科学省 2011：10）と表現されており、現在に至るまで同じ方針に沿った教育改革が継続していると言えよう。

この「学力の三要素」のうちの一つである「主体的に学習に取り組む態度」が本書のテーマの「主体性」に関連している。我が国では、かねてより学習者の受動的な学習態度、つまり、主体的でない学習態度が指導上の大きな課題の一つに取り上げられており、学習内容に対する学習者の関心の低さなどとともに、その改善に長きにわたって取り組んできている。

例えば、義務教育段階の国際学力比較調査として位置付くTIMSS（国際数学・理科教育動向調査、通称ティムズ）では、2015年調査結果から、

児童生徒の算数・数学、理科に対する情意面の反応について、次のように述べられている（国立教育政策研究所 2017）。

・小学校、中学校ともに、「算数・数学は楽しい」と思う児童生徒の割合は増加し、中学校においては、国際平均との差が縮まっている傾向が見られる。
・小学校においては、「理科は楽しい」と回答している児童が約9割となっており、国際平均を上回っており、中学校においては、「理科は楽しい」と回答している生徒の割合が増加し、国際平均との差が縮まっている傾向が見られる。

算数・数学、理科を楽しいと回答した我が国の児童生徒の割合と国際平均は、図2のように示されており、2003年、2007年、2012年、2015年の4回の調査の結果と併せて提示されている。

ほぼ同様の実態は、義務教育修了段階の国際学力比較調査として位置付くPISA調査の結果からも指摘されている（国立教育政策研究所 2016a）。

国際学力比較調査のTIMSSやPISA、さらには、16歳から65歳までを対象とした国際学力比較調査として位置付くPIAACから、我が国の児童生徒のみならず、大人の学力や能力の高さは実証済みである（国立教育政策研究所 2013）。しかしながら一方で、学びに対する関心や意欲、態度については、改善の余地があるとされているのである。

第Ⅲ部　主体性評価の動向

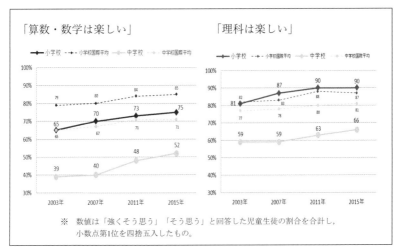

図2　TIMSS2015 質問紙調査の結果「算数・数学、理科は楽しい」
(国立教育政策研究所 2016b より)

　2013（平成25）年9月18日開催の教育再生実行会議・第12回会議では、大竹委員の資料で「IBは、国際バカロレア校が提供する国際的な教育プログラムであり、全人教育を通して、主体性を持ちバランス感覚に優れた、国際社会に貢献できる若者の育成を目的として」いると述べられており、国際バカロレアにおいても主体性の育成は重要視されている（大竹 2013）。すなわち、学習における主体性に対する注目は我が国に限ったものではない様子がうかがえる。

　近年の各国の教育改革については、目時（2014）によると「世界各国の教育改革で共通している課題は、学習の改革」であり、「画一的で個人主義的な傾向よりも、自立的で活動的、協同的な学びが強調され、まさに構成主義パラダイムへの学習の転換を焦点とする改革である」と述べられており、我が国における学力の三要素を核とした教育改革は、諸外国の教育改革とも共通部分を有すると捉えることが十分に可能であろう。

3.「生きる力」「確かな学力」を核とした教育改革の全体像

2015（平成27）年3月24日に開催された中央教育審議会・大学分科会では、会議資料の中に「大学入学者選抜改革の全体像（イメージ）」（図3）が示されている。この中では、「選抜性の高低にかかわらず、学力については、アドミッション・ポリシーに基づき、学力の三要素を踏まえた総合的な評価を行うことが重要」と指摘され、また、「生きる力」と「確かな学力」が、現在進行中の教育改革に通底して位置付く様子が見てとれる。

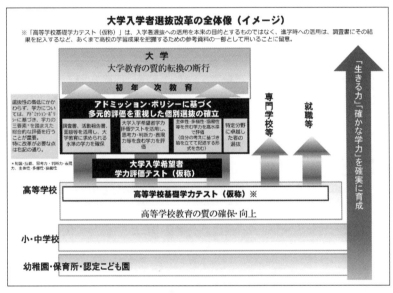

図3　大学入学者選抜改革の全体像（イメージ）
（中央教育審議会 2015 より）

図3に記された「生きる力」とは、1998、1999（平成10、11）年の学習指導要領の改訂におけるポイントとして示されたものである。文部科学省が2010（平成22）年に作成・公表した保護者用パンフレット（文部科学省 2010）には、「「生きる力」とは知・徳・体のバランスのとれた力のこと」であり、「変化の激しいこれからの社会を生きるために、確かな学力、

豊かな人間性、健康・体力の知・徳・体をバランスよく育てることが大切です」と記され、下記のように説明されている。

- 基礎的な知識・技能を習得し、それらを活用して、自ら考え、判断し、表現することにより、さまざまな問題に積極的に対応し、解決する力
- 自らを律しつつ、他人とともに協調し、他人を思いやる心や感動する心などの豊かな人間性
- たくましく生きるための健康や体力　　など

2002（平成14）年1月17日には、文部科学省により「確かな学力向上のための2002アピール「学びのすすめ」」（文部科学省2002）が発表され、「確かな学力」の向上のための五つの方策が次のように示されている。

(1) きめ細かな指導で、基礎・基本や自ら学び自ら考える力を身に付ける：少人数授業・習熟度別指導など、個に応じたきめ細かな指導の実施を推進し、基礎・基本の確実な定着や自ら学び自ら考える力の育成を図る。
(2) 発展的な学習で、一人ひとりの個性等に応じて子どもの力をより伸ばす：学習指導要領は最低基準であり、理解の進んでいる子どもは、発展的な学習で力をより伸ばす。
(3) 学ぶことの楽しさを体験させ、学習意欲を高める：総合的な学習の時間などを通じ、子どもたちが学ぶ楽しさを実感できる学校づくりを進め、将来、子どもたちが新たな課題に創造的に取り組む力と意欲を身に付ける。
(4) 学びの機会を充実し、学ぶ習慣を身に付ける：放課後の時間などを活用した補充的な学習や朝の読書などを推奨・支援するとともに、適切な宿題や課題など家庭における学習の充実を図ることにより、子どもたちが学ぶ習慣を身に付ける。

(5) 確かな学力の向上のための特色ある学校づくりを推進する：学力向上フロンティア事業などにより、確かな学力の向上のための特色ある学校づくりを推進し、その成果を適切に評価する。

　翌年の2003（平成15）年には学習指導要領の一部が改正され、学習指導要領に示されていない内容を指導できることが明確化されたり、個に応じた指導の例示として習熟度別指導や補充・発展学習が追加されたりした（文部科学省 2003）。
　現在の高大接続改革や高等教育段階の改革は、こうした初等中等教育の改革と軌を一にして構想されているのである。

4.　高等学校・数学の評価の具体と実態

　上述のような初等中等教育の改革に関連して、2000（平成12）年12月1日には、教育課程審議会から「児童生徒の学習と教育課程の実施状況の評価の在り方について（答申）」が出されている。そこでは、「これからの評価の基本的な考え方」の一つとして「(1) 学力については、知識の量のみでとらえるのではなく、学習指導要領に示す基礎的・基本的な内容を確実に身に付けることはもとより、それにとどまることなく、自ら学び自ら考える力などの「生きる力」がはぐくまれているかどうかによってとらえることが必要」と述べられている（文部科学省 2000）。
　ここで、国立教育政策研究所が実施する教育課程実施状況調査から評価問題の実際と実態を踏まえた指導改善に対するメッセージを見てみよう。教育課程実施状況調査とは、学習指導要領における各教科の内容に照らした学習の実現状況を把握し、今後の教育課程や指導方法等の改善に資する目的で実施されている調査であり、2012（平成24）年度の調査から名称が変更され、現在は「学習指導要領実施状況調査」と呼ばれているものである。高等学校を対象とした教育課程実施状況調査は、2002（平成14）年、2003（平成15）年、2005（平成17）年に実施されており、実施年によって教科が異なっている。また、2002（平成14）年、2003（平成15）

年実施の調査は、1989（平成元）年告示の学習指導要領による指導を受けた生徒が対象となっており、2005（平成17）年実施の調査は、1999（平成11）年告示の学習指導要領による指導を受けた生徒が対象となっている。

評価の観点「関心・意欲・態度」は、「数学的活動を通して、方程式と不等式、二次関数及び図形と計量における考え方に関心をもつとともに、数学的な見方や考え方のよさを認識し、それらを事象の考察に活用しようと」しているか否かを評価することを趣旨とされており（国立教育政策研究所 2004b）、本稿では、この観点に対応する問題に焦点化してみたい。

ここでは具体例として、2002（平成14）年に実施された数学Ⅰの調査問題の中から、無解答率が高かった問題A⑤と結果を概観しておこう（国立教育政策研究所 2004a）。

図4の問題A⑤は、出題のねらいが「確率の基本的な考えをもとにして、ある確率が正しいか否かを考えることができる」とされ、評価の観点の「関心・意欲・態度」と「数学的な考え方」に対応している。なお、評価の観点「数学的な考え方」は1989（平成元）年告示の学習指導要領の下でのものであり、1999（平成11）年告示の学習指導要領の下では「数学的な見方や考え方」になっている。問題A⑤に対応する解答類型と反応率は表1のように公表されている。

> 2枚の硬貨を投げて、1枚だけ表が出る確率は1／2です。その理由を　　　　の中に書きなさい。
>
> （理由）

図4　問題A⑤
（国立教育政策研究所 2004aより）

第 2 章　我が国の近年の教育改革

表1　問題A⑤の解答類型と反応率

解答類型	番号	反応率(％)
正しく樹形図を示して起こりうる全ての場合を挙げているもの	◎1	7.9
正しく根元事象を4通り挙げているもの	◎2	23.1
1/2 × 1/2 ×2　（式が書かれていればよい）	◎3	10.0
上記以外の解答で正答とみなせるもの	◎4	9.8
上記以外の解答	9	22.9
無解答	0	26.3

注：番号の欄の◎は正答を表す。

　問題A⑤の通過率（正答率と同義）は50.8％であり、無解答率は確率の内容・領域の問題の中で2番目に高い。解答類型1、2、4に相当する解答としては、図5のようなものが示されている。

解答類型1

解答類型2

　　表表、表裏、裏表、裏裏の根元事象があり、各確率は1／4。
　　求める事象は表裏、裏表の2つだから。

解答類型4

　　硬貨1と硬貨2の出方は独立で確率は各1／2、
　　1枚だけ表の場合は2通りあるから。

図5　解答類型1、2、4の具体例
（国立教育政策研究所　2004aより）

　問題A⑤は、確率の基本的な考え方を説明させる問題であるが、生徒の実態は良好とは言い難い。
　調査全体の結果を踏まえた指導上の改善点の一つには、「数学に対する関心や意欲を高め、学習内容について深い理解を得るためにも、生徒の

主体的活動に基づく授業への転換を図ることが重要」と述べられ、そのための具体的な方策として、「数学的活動を充実させること」、「数学的コミュニケーションを生かした授業の工夫」、「コンピュータやグラフ表示が可能な電卓などのテクノロジーを活用した学習指導の工夫」が提案されている。

　また、学習指導上の改善について、「基礎的な概念や用語・記号の意味が十分に理解されていない背景には、主体的な理解を伴わない受動的な学習の実態がうかがえる」とされ、「こうした問題点を克服し、生徒の能動的な学習を実現するためには、生徒自らが数学を創り出す過程を一層重視する必要がある」と述べられている。さらに、「基本的な考え方を問う問題の他に、定理や公式に至る過程を問う問題なども工夫」する必要性も述べられている。つまり、先述のように、生徒の受動的な学習が問題提起され、数学の公式を知ったり暗記したりするだけでは、生徒の主体的な理解にはつながらないと分析されている。そして、能動的な学習のためには、生徒自らが公式を創り出す過程を経験するなど、数学が出来上がるプロセスを重視しようというメッセージが読み取れる。

　能動的な学習の実現は長きにわたって取り組まれてきており、様々な工夫も提案されてきてはいるが、容易に改善されるような簡単な話ではないことに異論をはさむ余地はない。

5. おわりに

　以上、近年の我が国の教育改革に関連して、その背景を概観し、初等・中等教育、高等教育全体を含んだ改革の流れを振り返った。そして、1998（平成10）年、1999（平成11）年の学習指導要領の改訂のポイントとなった「生きる力」に関連して、高等学校「数学Ⅰ」の調査問題と結果を概観した。義務教育段階の教育の改革の流れが高等教育に拡大し、新たな方式による大学入学者選抜の実施に向けた準備段階にある現在、研究的側面から何をなすべきか、あるいは、何をなし得るのか、早急な議論が求められる。また、実践的側面からの提案や検討も求められよう。

【文献】

中央教育審議会（2007）「学習評価等に関する参考資料」,『教育課程部会 資料5』, 平成19年6月25日開催, http://www.mext.go.jp/b_menu/shingi/chukyo/chukyo3/004/siryo/attach/1399696.htm（閲覧 2018/10/31）.

中央教育審議会（2015）「大学分科会第122回会議 資料3-1」,『大学改革を巡る昨今の動向について』, 平成27年3月24日開催, http://www.mext.go.jp/b_menu/shingi/chukyo/chukyo4/gijiroku/__icsFiles/afieldfile/2015/03/26/1356235_03.pdf（閲覧 2018/10/31）.

国立教育政策研究所（2004a）『平成14年度　高等学校教育課程実施状況調査報告書－高等学校数学・数学Ⅰ－』, 実教出版.

国立教育政策研究所（2004b）「評価規準の作成, 評価方法の工夫改善のための参考資料（高等学校）－評価規準, 評価方法等の研究開発（報告）－」, https://www.nier.go.jp/kaihatsu/kou-sankousiryou/html/index_h.htm（閲覧 2018/10/31）

国立教育政策研究所（2013）『成人スキルの国際比較：OECD 国際成人力調査（PIAAC）報告書』. 明石書店.

国立教育政策研究（2016a）『生きるための知識と技能6：OECD 生徒の学習到達度調査（PISA）2015年調査国際結果報告書』. 明石書店.

国立教育政策研究所（2016b）「国際数学・理科教育動向調査（TIMSS2015）のポイント」, http://www.nier.go.jp/timss/2015/point.pdf（閲覧 2018/10/31）.

国立教育政策研究所（2017）『TIMSS2015 －算数・数学教育／理科教育の国際比較－国際数学・理科教育動向調査の2015年調査報告書』. 明石書店.

目時修（2014）「構成主義パラダイムの教育観と商業教育」,『千葉大学　公共研究』第10巻第1号, pp.180-203.

文部科学省（2000）「児童生徒の学習と教育課程の実施状況の評価の在り方について（答申）」, 平成12年12月1日, http://www.mext.go.jp/b_menu/shingi/old_chukyo/old_katei2000_index/toushin/1310309.htm（閲覧 2018/10/31）.

文部科学省（2002）「確かな学力向上のための2002アピール『学びのすすめ』」, 平成14年1月17日, http://www.mext.go.jp/a_menu/shotou/actionplan/03071101/008.pdf（閲覧 2018/10/31）.

文部科学省（2003）「小学校、中学校、高等学校等の学習指導要領の一部改正等について（通知）」，平成 15 年 12 月 26 日，
http://www.mext.go.jp/a_menu/shotou/cs/1320953.htm
（閲覧 2018/10/31）.

文部科学省（2007）「学校教育法等の一部を改正する法律について（通知）」，平成 19 年 7 月 31 日，19 文科初第 536 号，
http://www.mext.go.jp/b_menu/hakusho/nc/07081705.htm
（閲覧 2018/10/31）.

文部科学省（2010）「保護者用パンフレット」，
http://www.mext.go.jp/a_menu/shotou/new-cs/pamphlet/__icsFiles/afieldfile/2011/07/26/1234786_1.pdf（閲覧 2018/10/31）.

文部科学省（2011）「教育の情報化ビジョン」，
http://www.mext.go.jp/a_menu/shotou/zyouhou/detail/1387269.htm
（閲覧 2018/10/31）.

大竹美喜（2013）「大学入試改革等と国際バカロレアについて」．『教育再生実行会議第 12 回会議資料』，
http://www.kantei.go.jp/jp/singi/kyouikusaisei/dai12/t1.pdf
（閲覧 2018/10/31）.

おわりに　ボールは大学に

倉元　直樹（東北大学）

　興味深いことに、学術的に主体性とその評価に関して論じた第Ⅰ部の四つの章全てにおいて、タイトル、ないしは、本文中に「主体性」、「主体性評価」と、主題となる概念が「　」付きで表現されている箇所がある。本書がテーマとして、コンセンサスを得ることが難しい概念を扱ったことの証左と言えるかもしれない。

　本書は「平成時代」が最後の残り1か月を迎える2019（平成31）年3月末に刊行予定となっている。このタイミングを大学入学者選抜改革の観点から見ると、2021年度に新しい入試制度が導入されるまで、いよいよあと2年と迫った時期である。大学入試には「2年前予告」というルールがあるので、本書の刊行時期までには全大学からの2021年度入試に関する「予告」が出揃っていなければならないはずである。したがって、様々な立場の読者がおられることは十分に承知しているが、あえてここでは大学入試に携わる大学関係者に向けたメッセージを送り、本書の結びとしたい。

　大学入学者選抜実施要項の「第7　学力検査実施教科・科目、試験方法等の決定・発表」第3項には「個別学力検査及び大学入試センター試験において課す教科・科目の変更等が入学志願者の準備に大きな影響を及ぼす場合には、2年程度前には予告・公表する。なお、その他の変更についても、入学志願者保護の観点から可能な限り早期の周知に努める。（文部科学省高等教育局 2018、傍点筆者）」とある。いわゆる「2年前予告」のルールは、典型的には「学力検査で入試科目を増やす場合には2年前までに予告しなければならない」ということを定めたものと理解できる。しかしながら、「入学志願者保護の観点」ないしは「受験生保護の大原則」

が入試科目の変更に止まらないことは言うまでもない。今般の高大接続改革も当然それに当てはまる。むしろ、受験生に対して単なる入試科目の変更を大きく上回る大改革であるからこそ、「受験生保護の大原則」は何よりも優先されなければなるまい。

　倉元（2014）は、2012（平成24）年度の大学入試センター試験科目における「地理歴史」「公民」と「理科」の科目選択に際して、高校の実情に鑑みると2年前の予告では遅すぎると訴えた。今にして思えば、「何を小さなことに目くじらを立てていたのか」と叱られそうだが、小さく見えた制度変更がもたらした影響は、想像をはるかに超えた重大なものであった。盤石に運営されてきたセンター試験において上手の手から水が漏れ、大規模な入試ミスが発生したのである。その結果、前代未聞の大規模な再試験が行われたことは記憶に新しい。それに端を発して、従来は評価が高かったセンター試験の問題内容が十分な検証なしに何故か批判の対象となり、一気に廃止への道をたどることになったからだ（倉元、2017）。

　大学入学者選抜に携わる立場の者として、われわれは、今、従来の「常識」では考えられない異常な状況に置かれていることを認識しなければならない。どういう意味で異常かというと、これまでも述べてきたとおり、あまりにも大きな改革に向けて、あまりにも性急にことが進められている、すなわち、入試の根幹に位置づけられるべき「受験生保護の大原則」がなおざりにされているのだ。

　時代の流れによって価値観が変化して、受験生の立場や利益は二の次として扱っても構わなくなった、ということなのだろうか？いや、そうではないはずだ。わが国の入試における「受験生保護の大原則」の基本理念は、制度変更の「予告」のみに当てはまるわけではない。例えば、2018（平成30）年に発覚した医学部入試の不正問題を例にとって考えてみよう。女子学生・多浪生差別という形で焦点化されたこの問題は、一つの私立大学の1件の不正入学の事例に端を発し、大きな広がりを見せた。あらかじめ定められて公表された手続きを歪めて合否が決められたために、不当に不合格となった受験生がいた。その事実に対して大学に向か

う怒りと受験生に対する同情の大きさによって、世論が沸騰し、行政が動いた。そして、不利益を被った受験生の救済と再発防止で最終的に事態の収拾が図られようとしている。たとえ、大学ごとにそれなりの事情や理由、主張があったとしても、「受験生保護の大原則」を蹂躙した事実の前では正当な理由として認められるべくもない。すなわち、「受験生保護の大原則」が置き去りにされた入学者選抜制度などありえない、というのは、今でもわが国の教育における言わずもがなの「常識」なのだ。

　それでは、今、起こっていることは何なのだろう？もはや、教育の一環として大学入学者選抜を捉える見方では理解不能な事態に陥っているのではないだろうか。極端な話、「受験生保護の大原則」を知らないか、それに対して無頓着な何者かが、教育とは別の何らかの事情を「教育の論理」にすり替えながら、実際には教育の改善とは無関係な別の目的のために、現状を変更しようとしているのではないだろうか？そうとでも考えない限り、今起こっている「ドタバタ」は筋が通らないと感じる。大学入試センター試験における科目選択ルールの変更を「小さなこと」と感じてしまうとすれば、今のような異常な環境に一定期間さらされた結果、自分の感覚の方が麻痺してしまったのだろう。受験生の視点に立てば、決して小さな変更ではなかったはずなのだ。

　来たるべき大改革を前にして大学が沈黙を守るとき、受験生を送り出す側の高校は何をするだろうか。全ての可能性を考えて、生徒を守るための準備を行うのである。それが教育的に望ましいことかどうかは差し置いて、少なくとも自校の生徒が大学入試の場面で相対的に不利にならないように、あらゆる自衛の手段を取ろうとする。その涙ぐましい努力によって、教師から、生徒から、保護者から、時間とエネルギーとなけなしの資産が奪い去られ、結果的に当事者の誰もが得にならない形で、ただただ大きな徒労感だけが残る。そういった事態を招いてしまうことを、今、最も恐れるべきである。ダメージは平等に及ぶものではない。環境的に恵まれなければ恵まれないほど、より大きな力が作用する構造になっている。その影響は、すぐに目に見える形になって表れるという

よりも、将来的に蓄積されていく。そして、それと気付いた時には、すでに取り返しのつかない事態に至っていることだろう。

　2年前予告では遅すぎる。例えば、主体性評価のためのポートフォリオを大学入試に利用するとすれば、対象となる学年の生徒が高校に入学する前に「予告」が行われている必要がある。入学直後からポートフォリオへのデータの蓄積を始めなければならないからだ。そのことを考えれば、少なくとも3年前までには「予告」を、ということになるが、入学直後から大学入試におけるポートフォリオ評価のためのデータ入力を開始するためには、はるか以前からそのための準備が必要となる。したがって、論理的には、現時点でその旨の「予告」が発表されていない限り、2021年度入試や2022年度入試からの導入はあり得ないはずだ。「常識」的に考えるならば。

　今、ボールは大学側にある。当事者となる受験生が自ら責任がない原因による不利益を被らないように、「確実にできること」をできるだけ早く見定め、速やかに明らかにしていく責任が、大学側にある。それは、やみくもに早く決定を行って、その結果を公表することを意味しない。本書がテーマとした「主体性評価」に関しても、これだけの論点が未整理なままに存在している。大変困難な道のりではあるが、それらの諸問題について目をそらすことなく認識することから始まり、一つひとつ解きほぐし、優先順位をつけた上で、状況を見ながらも可及的速やかに、十分に説明責任を果たすことが可能な制度に落とし込むことが、各大学に求められている。

　大学には自らのアドミッション・ポリシーにしたがって、入学者を決定する権利がある。それは、大学の自治の根幹であり、絶対に放棄してはならない大切な権利である。同時に、個別大学における入学者選抜制度の設計と実施には、その分の責任が伴うことも意味している。自らの責任で入学者選抜を行う限り、何があっても他者に責任転嫁することは許されないだろう。なお、見方を変えると、大学入試の諸原則（倉元2018）の観点からは、「入学志願者保護の観点」を最優先することが個別

大学にとっての利益にも直結する。自らの受験生を第一に考えることは、大学自身のためでもある。

　本書が扱った「主体性」及び「主体性評価」というテーマは、どこまで議論を重ねても茫漠としたままであり続け、決して一つの像を結ぶことはないだろう。それでも、限られた時間の中で、高校や受験生が置かれた状況を的確に判断しながら、各大学が「できる範囲」を冷静に見定めて、自らの受験生を守るための判断を下さなければならない。そのために、本書が何らかの参考資料として活用されるならば、あらゆる困難を乗り越えて本書の編集にあたった立場としては、喜びに堪えないことである。

【文献】

倉元直樹（2012）「大学入試制度の変更に伴うスケジュール問題の構造」，東北大学高度教養教育・学生支援機構編『高等教育ライブラリ4　高等学校指導要領 VS. 大学入試』東北大学出版会、pp.53-89.

倉元直樹（2017）「大学入試制度改革の論理──大学入試センター試験はなぜ廃止の危機に至ったのか──」，東北大学高度教養教育・学生支援機構編『高等教育ライブラリ12　大学入試における共通試験』東北大学出版会、pp.47-82.

倉元直樹（2018）「個別大学の入試設計から見た高大接続改革の展望」，東北大学高度教養教育・学生支援機構編『高等教育ライブラリ14　個別大学の入試改革』東北大学出版会、pp.43-86.

文部科学省高等教育局（2018）「平成31年度大学入学者選抜実施要項」平成30年6月4日, 30文科高第186号.

執筆者一覧（執筆順）

滝澤　博胤（東北大学理事・副学長［教育・学生支援担当］/
　　　　　　　　　　　　　　高度教養教育・学生支援機構長）
宮本　友弘（東北大学高度教養教育・学生支援機構准教授）
鈴木　雅之（横浜国立大学教育学部・准教授）
西郡　　大（佐賀大学アドミッションセンター長・教授）
倉元　直樹（東北大学高度教養教育・学生支援機構教授）
有山　智雄（開成中学校・高等学校教諭）
千葉　栄美（青森県立田名部高等学校教諭）
石井　裕基（香川県立観音寺第一高等学校教諭）
石井　光夫（東北大学高度教養教育・学生支援機構教授）
銀島　　文（国立教育政策研究所教育課程研究センター総合研究官・
　　　　　　　　　　　　　　基礎研究部副部長）

企画　編集担当　　　倉元　直樹・石井　光夫

大学入試における「主体性」の評価
──その理念と現実──
Assessing "Proactive Learning Attitudes"
in University Admissions: Concept vs Reality

© 東北大学高度教養教育・学生支援機構, 2019

2019年3月22日　初版第1刷発行

編　者	東北大学高度教養教育・学生支援機構
発行者	久道 茂
発行所	東北大学出版会

〒980-8577　仙台市青葉区片平2-1-1
TEL：022-214-2777　FAX：022-214-2778
http://www.tups.jp　E-mail：info@tups.jp

印　刷　社会福祉法人　共生福祉会
　　　　萩の郷福祉工場
〒982-0804　仙台市太白区鈎取御堂平38
TEL：022-244-0117　FAX：022-244-7104

ISBN978-4-86163-327-0　C3037
定価はカバーに表示してあります。
乱丁、落丁はおとりかえします。

<出版者著作権管理機構 委託出版物>

本書の無断複製は著作権法上での例外を除き禁じられています。複製される場合は、そのつど事前に、出版者著作権管理機構（電話03-3513-6969、FAX 03-3513-6979、e-mail: info@jcopy.or.jp）の許諾を得てください。

「高等教育ライブラリ」の刊行について──

　東北大学高等教育開発推進センターは高等教育の研究開発、全学教育の円滑な実施、学生支援の中核的な役割を担う組織として平成16年10月に設置された。また、本センターは平成22年3月、東北地域を中心に全国的利用を目指した「国際連携を活用した大学教育力開発の支援拠点」として、文部科学省が新たに創設した「教育関係共同利用拠点」の認定を受けた。この拠点は大学教員・職員の能力向上を目指したFD・SDの開発と実施を目的としている。

　本センターはその使命を果たすべく、平成21年度までに研究活動の成果を東北大学出版会から9冊の出版物として刊行し、広く社会に公開・発信してきた。それはセンターを構成する高等教育開発部、全学教育推進部、学生生活支援部の有機的連携による事業で、高大接続からキャリア支援に至る学生の修学・自己開発・進路選択のプロセスを一貫して支援する組織的活動の成果である。これらの出版は高等教育を専門とする研究者のみならず、広く大学教員や高校関係者さらには大学教育に関心を持つ社会人一般にも受け入れられていると自負しているところである。

　そうした成果を基盤として、共同利用拠点認定を機に、活動成果のこれまでの社会発信事業をより一層組織的に行うべく、このたび研究活動の成果物をシリーズ化して、東北大学高等教育開発推進センター叢書「高等教育ライブラリ」の形で刊行することとした次第である。「高等教育ライブラリ」が従来にもまして、組織的な研究活動成果の社会発信として大学関係者はもとより広く社会全体に貢献できることを願っている。

平成23年1月吉日　木島　明博（第3代センター長）

高等教育の研究開発と、教育内容及び教育方法の高度化を推進する

高等教育ライブラリ

東北大学高等教育開発推進センター 編
東北大学高度教養教育・学生支援機構 編

■高等教育ライブラリ1
教育・学習過程の検証と大学教育改革
2011年3月刊行　A5判／定価（本体1,700円＋税）

■高等教育ライブラリ2
高大接続関係のパラダイム転換と再構築
2011年3月刊行　A5判／定価（本体1,700円＋税）

■高等教育ライブラリ3
東日本大震災と大学教育の使命
2012年3月刊行　A5判／定価（本体1,700円＋税）

■高等教育ライブラリ4
高等学校学習指導要領 vs 大学入試
2012年3月刊行　A5判／定価（本体1,700円＋税）

■高等教育ライブラリ5
植民地時代の文化と教育 ──朝鮮・台湾と日本──
2013年3月刊行　A5判／定価（本体1,700円＋税）

■高等教育ライブラリ6
大学入試と高校現場 ──進学指導の教育的意義──
2013年3月刊行　A5判／定価（本体2,000円＋税）

■高等教育ライブラリ7
大学教員の能力 ──形成から開発へ──
2013年3月刊行　A5判／定価（本体2,000円＋税）

■高等教育ライブラリ8
「書く力」を伸ばす ──高大接続における取組みと課題──
2014年3月刊行　A5判／定価（本体2,000円＋税）

■高等教育ライブラリ9
研究倫理の確立を目指して ——国際動向と日本の課題——
2015年3月刊行　A5判／定価（本体2,000円＋税）

■高等教育ライブラリ10
高大接続改革にどう向き合うか
2016年5月刊行　A5判／定価（本体2,000円＋税）

■高等教育ライブラリ11
責任ある研究のための発表倫理を考える
2017年3月刊行　A5判／定価（本体2,000円＋税）

■高等教育ライブラリ12
大学入試における共通試験
2017年3月刊行　A5判／定価（本体2,100円＋税）

■高等教育ライブラリ13
数理科学教育の現代的展開
2018年3月刊行　A5判／定価（本体2,100円＋税）

■高等教育ライブラリ14
個別大学の入試改革
2018年3月刊行　A5判／定価（本体3,200円＋税）

■高等教育ライブラリ15
大学入試における「主体性」の評価
——その理念と現実——
2019年3月刊行　A5判／定価（本体2,500円＋税）

東北大学出版会

〒980-8577　仙台市青葉区片平2-1-1
電話　022-214-2777　FAX　022-214-2778
URL：http://www.tups.jp　E-mail：info@tups.jp

東北大学高等教育開発推進センター編　刊行物一覧

「学びの転換」を楽しむ　―東北大学基礎ゼミ実践集―
A4判／定価（本体1,400円＋税）

大学における初年次少人数教育と「学びの転換」
―特色ある大学教育支援プログラム（特色GP）東北大学シンポジウム―
A5判／定価（本体1,200円＋税）

研究・教育のシナジーとFDの将来
A5判／定価（本体1,000円＋税）

大学における学生相談・ハラスメント相談・キャリア支援
―学生相談体制・キャリア支援体制をどう整備・充実させるか―
A5判／定価（本体1,400円＋税）

大学における「学びの転換」とは何か
―特色ある大学教育支援プログラム（特色GP）東北大学シンポジウムⅡ―
A5判／定価（本体1,000円＋税）

ファカルティ・ディベロップメントを超えて
―日本・アメリカ・カナダ・イギリス・オーストラリアの国際比較―
A5判／定価（本体1,600円＋税）

大学における「学びの転換」と言語・思考・表現
―特色ある大学教育支援プログラム（特色GP）東北大学国際シンポジウム―
A5判／定価（本体1,600円＋税）

学生による授業評価の現在
A5判／定価（本体2,000円＋税）

大学における「学びの転換」と学士課程教育の将来
A5判／定価（本体1,500円＋税）